법 화 경 ②

우리출판사

사경의 목적

사경은 경전의 뜻을 보다 깊이 이해하려는 목적도 있지만, 부처님의 말씀을 옮겨 쓰는 경건한 수행을 통해 자기의 신심信心과 원력을 부처님의 말씀과 일체화시켜서 신앙의 힘을 키워나가는데 더 큰 목적이 있다.

조용히 호흡을 가다듬고 부처님의 말씀을 마음으로 되새기며, 정신을 집중하여 사경에 임하다 보면 자신도 모르는 사이에 사경 삼매에 들게 된다. 또한 심신心身이 청정해져 부처님의 마음과 통하게 되니, 부처님의 지혜의 빛과 자비광명이 우리의 마음속 깊이 스며들어 온다.

그러면 몸과 마음이 안락과 행복을 느끼면서 내 주변의 모든 존재에 대한 자비심이 일어나니, 사경의 공덕은 이렇듯 그 자리에서 이익을 가져온다.

사경하는 마음

경전에 표기된 글자는 단순한 문자가 아니라 부처님께서 깨달은 진리라는 상징성을 갖고 있다. 경전의 글자 하나하나가 중생구제를 서원하신 부처님의 마음이며, 중생을 진리의 길로 인도하는 지침인 것이다.

예로부터 사경을 하며 1자3배의 정성을 기울인 것도 경전의 한 글자 한 글자에 부처님이 함께하신다고 생각했기 때문이다. 사경이 수행인 동시에 기도의 일환으로 불자들에게 널리 행해지는 까닭이 여기에 있다.

사경은 부처님의 가르침과 함께하는 시간이며 부처님과 함께하는 시간이다. 부처님의 말씀을 가슴으로 받아들이고 마음으로 찬탄하며 진실로 기쁘게 환희로워야 하는 시간인 것이다.

따라서 사경은 가장 청정한 마음으로 임해야 한다.

사경의 공덕

❀ 마음이 안정되고 평화로워져 미소가 떠나질 않는다.

❀ 부처님을 믿는 마음이 더욱 굳건해진다.

❀ 번뇌 망상, 어리석은 마음이 사라지고 지혜가 증장한다.

❀ 생업이 더욱 번창한다.

❀ 좋은 인연을 만나고 착한 선과가 날로 더해진다.

❀ 업장이 소멸되며 소원한 바가 반드시 이루어진다.

❀ 불보살님과 천지신명이 보호해 주신다.

❀ 각종 질환이나 재난, 구설수 등 현실의 고苦를 소멸시킨다.

❀ 선망조상이 왕생극락하고 원결 맺은 다겁생의 영가들이
　이고득락離苦得樂한다.

❀ 가정이 화목하고 자손들의 앞길이 밝게 열린다.

사경하는 절차

1. 몸을 깨끗이 하고 옷차림을 단정히 한다.

2. 사경할 준비를 갖춘다.(사경상, 좌복, 필기도구 등)

3. 삼배 후, 의식문이 있으면 의식문을 염송한다.

4. 좌복 위에 단정히 앉아 마음을 고요히 한다.
　(잠시 입정하면 더욱 좋다.)

5. 붓이나 펜으로 한 자 한 자 정성스럽게 사경을 시작한다.

6. 사경이 끝나면 사경 발원문을 염송한다.

7. 삼배로 의식을 마친다.

◆ 기도를 더 하고 싶을 때에는 사경이 끝난 뒤, 경전 독송이나
　108배 참회기도, 또는 그날 사경한 내용을 참구하는 명상 시간을
　갖는 것도 좋다.

◆ 사경에 사용하는 붓이나 펜은 사경 이외의 다른 용도에 사용하지
　않도록 한다.

◆ 완성된 사경은 집안에서 가장 정갈한 곳(혹은 높은 곳)에 보관하거나,
　경건하게 소각시킨다.

차　례

발 원 문

년   월   일

4. 신해품

이때, 장로 수보리와 마하가전연·마하가섭·마하목건련 등이 부처님으로부터 일찍이 듣지 못하던 법을 듣고, 또 세존께서 사리불에게 위없이 높고 바른 깨달음을 수기하심을 보고 희유한 마음을 일으켜 뛸 듯이 기뻐하며, 자리에서 일어나 의복을 단정히 하고, 오른편 어깨를 드러내고, 오른편 무릎을 땅에 대고, 한마음으로 손 모으며 허리를 굽혀 공경하고 부처님의 얼굴을 우러러보며 세존께 사뢰었다.

"저희들은 승가 가운데의 우두머리 제자로서 나이가 들고 육신이 노쇠하니 저희들 스스로 열반을 얻었다 생각하고 더 할 일이 없다 하여 위없이 높고 바른 깨달음을 구하지 아니하였습니다.

세존께서 오래 전부터 법을 설하시니 저희들은 그때부터 자리에 있었으면서도 몸도 피로하여 다만 빈 것과, 모습이 없고, 지을 것이 없는 것만 생각할 뿐 보살법에 노닐면서 신통이 자재하며 부처님 나라를 깨끗이 하고 중생을 성취시키는 것을 즐겨하지 아니하였습니다.

그 까닭을 말하면, 세존께서 저희로 하여금 욕계, 색계, 무색계에서 벗어나 열반을 얻도록 하셨으며, 또 저희들이 늙었으므로 부처님께서 보살을 교화하시는 위없이 높고 바른 깨달음을 조금도 좋아하는 마음을 내지 않았기 때문입니다.

저희들이 이제 부처님 앞에서 성문들에게 위없이 높고 바른 깨달음의 수기하심을 보고 마음이 심히 즐거우며 생각지도 않았다가 미증유의 법을 듣게 되니 매우 기쁘고 즐거우며, 크고 좋은 이익을 얻었사오니, 헤아릴 수

없는 보배를 구하지 않고도 저절로 얻은 듯

합니다.

세존이시여, 저희들이 기꺼이 비유로써 이 뜻

을 밝히겠습니다.

어떤 사람이 나이 어릴 때, 아버지를 버리고

집을 나가 타국에서 오래 살다 보니 혹 십 년,

이십 년에서 오십 년이 되었습니다. 나이는

늙었고 더구나 곤궁해져 사방으로 의식을 구

하다가 우연히 본국으로 향하게 되었습니다.

그의 아버지는 아들을 잃고 찾아다니다가 만

나지 못하고 길 가운데에서 어느 도시에 머물

러 부유하게 사는데, 그 집은 크고 재산 보배

가 헤아릴 수 없어 금·은·유리·산호·파

려·진주 등이 창고마다 가득하고, 노비·상

노·청지기·관리인들이 많았으며, 코끼리·

말·수레·소·양이 헤아릴 수 없이 많고, 나

고 드는 이익이 다른 나라에까지 두루 미치어

장사치와 고객들도 매우 많았습니다.

그때, 헐벗은 그 아들은 여러 마을을 떠돌아 도시와 읍을 거쳐 마침내 아버지가 살고 있는 성 가운데에 이르렀습니다.

아버지는 아들을 잃은 지 오십여 년이 되도록 기억하고 있었지만 다른 사람에게 이런 일을 말하지 않고 오직 혼자서 생각하며 마음속에서 한탄하고 뉘우치며 생각하기를,

'내 몸은 늙고 재물이 많아 금·은 진보가 창고에 가득 찼으되 자식이 없으니 하루아침에 죽고 나면 재물을 맡길 곳이 없어 흩어지리라.' 하며 은근히 아들을 못 잊어 하며 다시 이런 생각을 하였습니다.

'내가 만약 아들을 만나 재물을 맡긴다면 즐거워서 다시는 근심 걱정이 없으리라.'

세존이시여, 이때 궁자는 품팔이로 전전하다가 우연히 아버지의 집에 이르러 대문 옆에

서서, 멀리 그의 아버지를 바라보니, 사자좌
에 걸터앉아 보배 궤에 발을 올려놓고 많은
바라문과 거사가 공경하며 둘러서서 모셨으
며, 천만 냥이나 되는 진주·영락으로 그 몸
을 치장하고 관리인과 하인들이 손에 흰 총채
를 들고 좌우에 둘러서서 보배 휘장을 둘러치
고 꽃깃대를 늘였으며, 향수를 땅에 뿌리고
온갖 이름 있는 꽃을 흩으며 보물들을 늘어놓
고 내어주고 받아들이는 등 갖가지로 장엄하
고 위엄과 덕이 있어 보였습니다.
궁자는 그 아버지가 큰 세력이 있음을 보며
두려운 생각을 품고 그곳에 간 것을 뉘우치면
서 속으로 생각하기를,
'이는 혹시 왕이거나 혹은 왕과 같은 분이리
라. 내가 품을 팔아 삯을 얻을 곳이 못 되는
구나. 차라리 가난한 마을에 가서 힘대로 일
을 하여 입을 것과 먹을 것을 얻는 것이 낫겠

구나. 만일 이곳에서 오래 머물다가 혹 눈에

띄어 붙들리게 되면 강제로 나를 잡아 부릴

것이다.' 하고 빨리 도망쳤습니다.

그때에 장자는 사자좌에서 아들을 알아보고

크게 기뻐하며 곧 생각을 하되,

'내 창고에 가득한 재물을 이제는 전해줄 데

가 있구나. 내가 항상 이 아들을 생각하였으

나 만날 수 없었는데, 이제 제 스스로 왔으니

내가 원하던 바이로다. 나는 비록 늙었으나

이렇게 아들을 만나려고 절약하고 아꼈노

라.' 하고, 곧 사람을 보내어 급히 쫓아가서

데려오게 하였습니다.

그때, 명을 받은 사람이 달려가서 잡으니 궁

자가 크게 놀라며 원망하되,

'나는 아무 잘못이 없는데 왜 잡으려 하느냐'

하고, 더욱 겁을 내다가 마침내 기절하여 땅

에 쓰러졌습니다.

아버지가 멀리서 이 광경을 보고 사자에게 말하였습니다.

'그 사람은 쓰지 않을 터이니 강제로 데려오지 말고 찬물을 얼굴에 뿌려 깨어나게 하고 다시 말하지 말라.'

어떠한 까닭인가 하면 아버지는 아들의 마음이 작은 것을 알고, 아들이 두려워하는 것을 짐작하고, 분명히 아들임을 알았으나 다른 사람에게는 자기의 아들이라는 것을 말하지 않고 사자를 시켜 말하였습니다.

'내가 이제 너를 놓아줄 터이니 마음대로 가거라.'

궁한 아들은 매우 기뻐하며 땅에서 일어나 가난한 마을로 찾아가 의식을 구하였습니다.

그때, 장자는 아들을 데려오고자 하여 방편을 베풀어 형색이 초라하고 위덕이 없게 생긴 두 사람을 불러 은밀히 보내면서 일렀습니다.

'너희들은 궁한 자에게 서서히 가서 말하라.

저기 일할 곳이 있으니 품삯은 배로 준다고

하라. 만일 궁한 자가 허락하거든 데리고 와

서 일을 시키도록 하라. 만일 무슨 일을 시키

느냐고 묻거든 똥오줌을 치게 하는 일인데 너

희 두 사람도 그와 함께 일한다고 하라.'

즉시 두 사람은 궁자를 찾아가서 만나 보고

시키는 대로 말하더이다.

그때, 궁자는 품삯부터 받고 와서 함께 분뇨

를 치니, 그 아버지는 아들을 보고 불쌍하고

안타깝게 생각하더이다.

그러다가 어느 날, 창틈으로 아들을 보니 몸

이 말라 초췌하고 먼지와 똥오줌으로 더럽혀

져 깨끗하지 못하거늘, 아버지는 영락과 보드

라운 의복과 장신구를 벗어놓고 때 묻은 허름

한 옷으로 갈아입고 흙과 먼지를 몸에 묻히고

오른손에 똥오줌 치는 도구를 든 채 조심스럽

게 다가가서 모든 일꾼에게 말하되,
'너희들은 부지런히 일할 것이며 게으름을 피
우지 말라.' 하면서 방편으로써 아들에게 접
근하더니, 그 뒤에 다시 일러 말하였습니다.
'이 사람아, 너는 여기서만 일하고 다시는 다
른 곳으로 가지 말아라. 품삯도 차차 올려줄
테니 소용되는 그릇·쌀·밀가루·소금·초
같은 것도 걱정하지 말아라. 늙은 일꾼도 필
요하면 줄 터이니 마음을 편안히 하여라. 나
는 너의 아버지와 같으니 다시는 염려하지 말
아라. 나는 늙은이요, 너는 아직 젊으며 너는
항상 일할 때 속이거나 게으르거나 성내거나
원망하는 말이 없어서 너에게는 나쁜 것이라
고는 없어 보여 다른 일꾼들과 똑같이 느껴지
지 않는구나. 이제부터는 내가 낳은 친아들처
럼 대하겠다.' 하고 장자는 이름을 다시 지어
주며 아들이라고 불렀습니다.

그때, 궁자는 이러한 대우를 기뻐했으나 아직 천한 더부살이 머슴이라고 스스로 생각하며 이십 년 동안을 항시 똥오줌만 치고 살았습니다.

이렇게 지낸 다음에 마음을 서로 알고 믿게 되어 출입엔 어려움이 없었으나, 머무르는 곳은 여전히 본래 있던 그대로였습니다.

세존이시여, 장자는 병이 들어 죽을 때가 멀지 않았음을 알고 궁자에게 말하였나이다.

'나에게는 지금 금·은·진보가 많이 있어 창고마다 가득하니 그 속에 있는 모든 재물과 받고 갚아야 할 것을 네가 모두 알아서 처리하여라. 나의 마음이 이러하니 이 뜻을 받들어라. 이제 나와 네가 다를 것이 없게 되었으니 더욱 마음을 써서 손해 봄이 없게 하여라.'

이때 궁한 자는 즉시 분부를 받고 여러 가지 금·은·진보와 모든 창고를 맡았으나, 밥 한 그릇 거리도 가지려는 생각이 없었고 머무르는 곳이 본래 있던 곳 그대로이니, 천하고 비열한 마음을 아직도 버리지 못하였습니다.

다시 얼마가 지난 뒤에 아들의 마음이 점점 열리고 편안하여 큰 뜻을 성취해서 지난날의 못났던 생각을 스스로 뉘우치고 있음을 알게 되었습니다.

그러다가 죽을 때에 이르러 아들을 시켜 친척과 국왕과 대신과 찰제리와 거사들을 모이게 하고 선언하였습니다.

'여러분은 아시오. 이 아이는 나의 아들이요, 나의 소생이라. 어떤 성 안에서 나를 버리고 달아나서 갖은 고생을 겪기 오십여 년이었으니, 이 아이의 본래 이름은 아무개이고 내 이름은 아무개요, 옛 성에서부터 이 아이를 찾으려고 조심하고 애를 썼건만 우연히 이곳에서 만나게 되었소. 이 아이는 참으로 나의 아들이요, 나는 그의 아버지니 지금부터 나의 소유인 모든 재산은 모두 아들의 소유가 되며, 전부터 출납하던 것도 이 아들이 알아서 할 것이오.'

세존이시여, 이때의 궁한 자는 아버지의 말을 듣고 크게 기뻐하며 일찍이 없던 것을 얻고 생각하였습니다.

'나는 본래 바라는 마음이 없었건만 이제 보배창고가 저절로 들어왔도다.'

세존이시여, 큰 재산을 가진 장자는 여래이시고, 저희들은 부처님의 아들과 같사오니, 여래께서 항상 저희들을 아들이라고 말씀하셨습니다.

세존이시여, 저희들이 세 가지 독이 되는 마음에 얽힌 까닭에 나고 죽는 괴로움의 바다에서 번뇌의 고통을 받으며 미혹하고 아는 바가 없어 소승법만을 즐겨 얽매였습니다.

오늘 세존께서 저희로 하여금 모든 법의 희
롱거리인 거름을 버리라고 말씀하셨습니다.
저희들은 방편 가운데서 부지런히 정진하여
멸도에 이르는 하루 품삯을 얻고 마음이 크
게 기뻐 스스로 만족하게 여기며 곧 말하였
습니다.

'부처님 법 가운데서 부지런히 정진한 인연
으로 소득이 매우 크다.'

그러나 세존께서는 저희의 마음이 부질없는
욕망에 얽매이어 소승법을 좋아함을 미리 아
시면서도,

'너희도 여래의 지견인 보배를 가질 능력이
있느니라.'고 분별해서 말씀해주시지 않으셨
습니다.

세존께서 방편력으로 여래의 지혜를 말씀하
셨으나 저희들은 부처님으로부터 멸도에 이
르는 하루 품삯을 얻고서 크게 얻었다 착각하

고 대승법을 구하려는 생각이 없었습니다.

저희들은 또 여래의 지혜로써 모든 보살에게 방편을 얻어 보이고 설법하면서도 스스로 대승의 뜻을 두지 않았습니다. 그 까닭은 부처님께서 저희들 마음이 소승법을 좋아함을 아시고 방편력으로 저희들의 근기를 따라 말씀하셨건만 그래도 저희는 참된 불자인 줄은 알지 못하였기 때문이었습니다.

이제서야 저희들은 세존께서 부처님 지혜를 아낌없이 베푸신 것을 알았습니다. 왜냐하면 저희들이 예로부터 부처님의 참된 아들이면서도 소승법만을 좋아하였기 때문이었으니, 만일 저희가 대승법을 좋아하는 마음이 있었더라면 부처님께서는 저희들을 위하여 대승법을 설하셨을 것입니다.

지금에야 이 경에서 일승만을 설하시며 지난날 보살들 앞에서, 성문들은 소승법만을 좋아

한다고 나무라셨으니 부처님께서는 대승으로써 교화하였습니다.

그러기에 저희들이 본래부터 구하는 마음이 없었는데 이제 법왕의 큰 보배를 저절로 얻게 되어 부처님 아들로서 얻어야 할 것을 이제야 얻었습니다."

이때, 마하가섭이 이 뜻을 펴려고 게송으로 말하였다.

오늘날에 저희들이　　부처님의 말씀 듣고
기쁘고도 즐거운 법　　없던 것을 얻나이다.
성문들도 성불한다　　부처님이 설하시니
위없는 보배더미　　안 구해도 절로 얻네.
비유컨대 어린아이　　유치하고 소견 없어
아비 떠나 도망하여　　타관 땅에 멀리 가서
이리저리 떠돌면서　　오십 년을 살았거늘
그 아비는 걱정되어　　사방으로 찾았더라.
아들 찾던 지친 몸이　　한 성 안에 머물러서

큰 집을 지어 놓고   오욕락을 즐기나니

그 집이 큰 부자라   많은 금과 은이며

자거 마노 진주 유리   말과 소와 코끼리와

양과 염과 수레들과   논과 밭과 하인 등

거느린 사람들   끝이 없고 가이없어

주고 받는 이익들이   타국까지 미쳤으며

장사꾼과 차인들이   그 문 앞에 줄을 섰네.

천만억의 사람들이   둘러서서 공경하며

임금이나 왕족들이   항상 공경하는 바요

여러 신하 명문 호족   한결같이 공경하며

이러한 인연으로   오가는 사람 많고 많아

부유하기 이와 같이   큰 세력을 가졌지만

나이 점점 늙어가나   아들 생각 더욱 간절

자나 깨나 생각하다   죽을 때가 되었는데

어리석은 그 자식이   떠나간 지 오십여 년

창고마다 가득가득   어떻게 할 것인가.

그때에 궁한 아들   밥과 옷 구해 찾아

이 마을서 저 마을로   이 나라와 저 나라를

어떤 때는 얻어 먹고   어떤 때는 얻지 못해

굶주리고 못 먹어서   옴과 버짐 생겼으며

이곳 저곳 헤매다가   아버지 사는 성에

품팔이로 끼니 잇다   아버지 집 이르렀네.

그때에 아비 장자   그의 집 문 안에서

보배 휘장 둘러치고   사자좌에 앉았는데

권속들이 둘러싸고   시중들이 호위하며

그중 어떤 사람들은   보물을 계산하며

주고받는 많은 재물   문서에 기록하네.

아버지의 존엄함을   궁한 아들 바라보고

저 사람은 국왕이나   또는 왕이 분명하니

내가 왜 여기 왔나   두렵고도 무섭구나.

다시 생각하여 보니   내 여기 있다가는

강제로 붙들리어   모진 일 해야 하리.

이렇게 생각하고   정신없이 도망하여

빈촌으로 찾아 들어   품팔이를 하려 하네.

이때에 아비 장자　　　　사자좌에 높이 앉아

멀리서 바라보고　　　　아들을 알아보니

사자를 빨리 보내　　　　불들어 오게 할 새

궁한 아들 먼저 놀라　　　기절하여 쓰러졌네.

이 사람이 날 잡으니　　　나는 이제 죽었노라.

밥과 옷 구하려다　　　　이 모양이 되었구나.

장자는 자기 아들　　　　어리석고 미련해서

아비 말을 믿지 않고　　　아비인 줄 모르니

애꾸눈에 덕이 없는　　　못난 사람을 시켜

너는 가서 말하기를　　　내게 와서 일을 하면

거름이나 치게 하고　　　품삯 곱을 준다 하라.

궁한 아들 그 말 듣고　　기뻐하며 따라와서

거름치는 일도 하고　　　집 안팎을 청소하네.

장자가 어느 날　　　　　아들을 내다보고

어리석은 그 자식을　　　가엾게만 여기어서

아버지인 그 장자는　　　허름한 옷 바꿔 입고

거름치는 삼태 들고　　　아들한테 다가가서

방편으로 하는 말이　　부지런히 일 잘하면

품삯을 더 올려주고　　손발에 바를 기름

먹을 것도 넉넉하게　　입을 것도 많이 주마

은근하게 말을 하며　　부지런히 일을 하라

너는 내 아들 같노라　　좋은 말을 덧붙였다.

장자가 지혜 있어　　안팎을 출입토록

이십 년을 지내면서　　집안 일을 보게 하고

금과 은과 진주 파려　　있는 창고 보여주고

주고받는 모든 셈을　　맡아 보게 하지만

대문 밖에 붙어 있는　　초막에서 잠을 자며

나는 본래 가난뱅이　　가진 물건 하나 없네.

아버지가 아들 마음　　점점 넓어짐을 알고

그 재산을 물려주려　　친척들과 국왕들과

대신들과 찰제리와　　거사들을 모아 놓고

대중에게 하는 말이　　이 애는 나의 아들인데

집을 떠나 멀리 가서　　오십 년을 지내더니

어느 날 찾아온 뒤　　이십 년이 또 지났소.

지난날에 한 성에서   이 자식을 내가 잃고
이리저리 헤매면서   이 자식을 찾느라고
무진 애를 쓰던 끝에   여기까지 온 것이오.
이제 내가 소유한 것   집이거나 하인 등을
아들한테 전해주어   제 뜻대로 쓰게 하리.
가난하고 궁한 아들   뜻과 마음 좁고 적다
이제 와서 아버지의   큰 재산을 받게 되니
많은 집과 많은 재산   한량없는 금은 보화
매우 크게 기뻐하며   미증유를 얻었노라.
부처님도 그와 같이   소승 집착함을 알고
너도 성불하리라   말씀하지 않으시고
여러 가지 샘 없는 법   저희들이 얻었다고
소승 이룬 성문이라   말씀하셨습니다.
부처님이 저희에게   위없는 길 말씀하셔
이 법을 수습하면   성불한다 하시기에
저희들은 말씀대로   보살을 위하여서
여러 가지 인연이며   갖가지 비유들과

갖은 말과 변재로써   위없는 도 말했더니

이에 여러 불자들이   나에게서 법문 듣고

밤낮으로 생각하며   부지런히 닦고 닦네.

이때에 여러 부처님   수기하며 하시는 말

너희들은 오는 세상   부처님을 이루리라.

시방 모든 부처님의   비밀한 대승 법장

보살들만 위하여서   참된 이치 설법하고

저희들을 위하여선   아무 말씀 안 하시네.

마치 저 궁한 아들   아버지께 가까이 가

모든 보물 맡았으나   가질 생각 전혀 없듯

저희들도 부처님의   법보장을 연설하나

구하는 뜻 없는 것은   또한 그러하옵니다.

저희들도 속으로는   번뇌 끊어내는 것을

스스로 생각하여   만족하다 여기는 일

이런 일은 알지만   다른 일은 몰랐어라.

불국토를 맑게 하고   중생들을 교화함을

저희들이 듣더라도   즐거운 맘 없었습니다.

그 까닭을 말하오면　　이 세간의 온갖 법은

모두 다 고요하여　　남과 멸함 다 없으며

작거나 큰 것 없고　　샘이 없고 함이 없다.

이렇게도 생각하니　　즐거운 맘 없나이다.

저희들이 오랜 세월　　부처님의 큰 지혜엔

탐착하는 마음 없고　　바라지도 아니하며

저희들이 얻은 법이　　구경이라 생각했네.

저희들이 오랜 세월　　공한 법을 닦아 익혀

욕계 색계 무색계의　　고통에서 벗어나서

최후 몸의 유여열반　　얻었노라 생각하며

부처님의 교화 받아　　참된 도를 얻었으니

부처님의 깊은 은혜　　갚았다고 생각했네.

비록 저희 대중들은　　불자들을 위하여서

보살법을 말하면서　　법을 얻게 하였지만

구하려는 마음 없어　　내버려 두시었네.

도사께서 버리시고　　저희 마음 아시므로

참된 이익 있느니라　　원하시지 아니함은

아들 뜻의 좁고 적음　　장자가 이미 알고

방편의 힘으로써　　　　그 마음을 조복하고

아들 마음 크게 한 뒤　　많은 재산 물려주듯

부처님도 이와 같이　　　보기 힘든 일로

소승 얽매임을 알고　　　방편력을 쓰시어서

작은 마음 조복 받고　　　큰 지혜를 가르치네.

저희들이 오늘에사　　　미증유를 얻었으니

바라던 일 아니지만　　　저절로 얻었으니

셀 수 없는 보배 얻은　아들 같습니다.

세존이시여, 저는 이제　도를 얻고 과를 얻어

무루한 법 가운데서　　　청정한 눈 얻었으니

저희들이 오랜 세월　　　청정 계율 지니다가

오늘에야 처음으로　　　그 과보를 얻나이다.

법왕의 법 가운데서　　　오랜 수행 닦은 공덕

이제서야 샘이 없는　　　큰 과보 얻었사오니

저희들이 오늘에야　　　참된 성문승이니

부처님 도 소리로써　　　온갖 소리 듣게 하며

저희들이 오늘에야   참다운 아라한 되니
모든 세간 하늘이나   사람들과 마와 범천
많은 대중 가운데서   공양 받게 되었네.
부처님의 크신 은혜   희유하게 나투시며
중생들을 제도하사   이익 얻게 하시오니
억천 겁의 그 은혜를   누가 능히 갚으리까.
손발 되어 받들고   머리 숙여 예경하며
온갖 정성 공양해도   그 은혜는 못 갚으며
머리 위에 받들거나   등에라도 업고 다녀
항하 모래 오랜 세월   마음 다해 공양하고
훌륭한 음식들과   셀 수 없는 옷들과
훌륭한 이부자리   가지가지 탕약이며
우두 전단 좋은 향과   여러 가지 보배로써
넓고 높은 탑 세우며   옷을 벗어 땅에 깔고
이러한 온갖 것으로   항하사의 오랜 겁을
정성 다해 공양해도   그 은혜는 못 갚네.
희유하신 부처님의   셀 수 없고 가이없는

불가사의한 자비로 　　신통력을 나투시며

샘 없는 법 함 없는 법 　모든 법의 왕으로서

용렬한 중생 위해 　　이런 일 참으시고

아상 많은 범부에게 　마땅하게 설하시네.

부처님 모든 법에 　　자유자재 하시어서

중생들의 모든 욕락 　가지가지 알으시고

그 뜻과 힘을 따라 　　감당할 바 알으시고

셀 수 없는 비유로써 　미묘한 법 말씀할 새

지난 세상 중생들의 　숙세 선근 따르셔서

그의 근기 성숙함과 　성숙 못함 알으시어

갖가지로 헤아리사 　분별하여 아시고는

일불승을 설하시려 　방편으로 삼승 쓰네.

5. 약초유품

이때, 세존께서 마하가섭과 여러 큰 제자들에게 말씀하셨다.

"착하고 착하구나, 가섭아, 여래의 참된 공덕을 말하였다. 진실로 그대 말과 같느니라.

여래는 무량무변한 아승지 공덕이 있으니 너희들이 무량억겁을 두고 설한다 해도 모두 능히 다 설하지는 못하느니라.

가섭아, 여래는 모든 법의 왕이니, 설하는 바가 다 허망하지 않느니라. 모든 법을 지혜의 방편으로써 말하나니, 연설하는 모든 법과 온갖 것을 아는 일체지지에 이르렀느니라.

여래는 모든 법이 돌아갈 곳을 관찰하여 알며, 모든 중생의 깊은 마음의 행하는 바를 알아서 통달하여 걸림이 없으며, 모든 법을 남김없이 밝게 알아 중생들에게 일체 지혜를 보여주니라.

가섭아, 비유하면 삼천대천세계 속의 산천·계곡·토지에서 자라는 초목과 숲과 온갖 약초의 종류는 여러 가지며 이름과 모양이 각각 다르니라.

짙은 구름이 가득히 퍼져 삼천대천세계를 가득 덮고 한때에 큰 비가 고루 내려 적심이 흡족한데, 초목과 숲과 모든 약초의 작은 뿌리·작은 줄기·작은 가지·작은 잎새와, 중간 뿌리·중간 줄기·중간 가지·중간 잎새와, 큰 뿌리·큰 줄기·큰 가지·큰 잎새와, 크고 작은 나무들이 상·중·하를 따라서 제각기 분수를 따라 받아들이는 것과 같느니라.

초목들은 한 구름에서 내리는 비를 맞으나 종류와 성질에 맞추어서 생장하며, 꽃 피고 열매 맺느니, 비록 한 땅에서 나고 한 비로 축여 주지만 모든 초목에 각각 차별이 있노라.

가섭아, 여래 또한 그와 같이 세상에 나타남은 큰 구름이 일어나는 것과 같으며, 큰 소리로 세계의 하늘·사람·아수라에게 두루 들리게 함은 저 큰 구름이 삼천대천국토를 덮는 것과 같느니라.

그러므로 대중 가운데서 이 같이 말씀하시느니라. '나는 여래·응공·정변지·명행족·선서·세간해·무상사·조어장부·천인사·불세존이라. 제도 안 된 자를 제도하고, 이해하지 못한 자를 이해하게 하며, 편안하지 못한 자를 편안하게 하고, 열반 얻지 못한 자를 열반 얻게 하며, 현세와 내세를 여실히 아나니, 나는 모든 것을 아는 자며, 모든 것을 보는 자며, 길을 아는 자며, 길을 여는 자며, 길을 설하는 자라. 너희 하늘·사람·아수라 등은 다 여기 와서 법을 들어라.'

그때, 수천만억 종류의 중생들이 부처님 계신

곳에 와서 설법을 들었느니라.

여래는 중생들의 모든 근기의 영리하고 둔함
과 정진하고 게으름을 살펴보고 그들이 감당
할 수 있는 능력에 맞추어 법을 설하니, 여러
가지로 헤아림이 없어 모두 기뻐하며 좋은 이
익을 얻도록 하였느니라.

모든 중생들이 이 법을 듣고 현세에서는 안온
하고, 뒷날에는 좋은 곳에 태어나, 도로써 즐
거움을 받고, 법문을 받들어 듣게 되며, 법을
듣고 모든 장애를 여의며, 모든 법 가운데에서
그의 능력을 따라 점점 도에 들어가게 되니,
마치 저 큰 구름이 모든 초목과 숲과, 모든 약
초에 비를 내리면 그 종류와 성질에 따라 흡족
하게 윤택함을 입어 각각 생장함과 같느니라.

여래께서 설하는 법은 한 모양 한맛이니, 이른
바 해탈의 모습과 열반의 모습과 멸하는 모습
으로서 마침내 일체종지에 이르는 것이니, 어

떤 중생이 여래의 법을 듣고 받아 지니며 읽고 외우거나, 설한 바와 같이 닦아 행한다면, 그 얻은 공덕은 스스로 깨닫지 못할 것이니라.

이는 여래만이 중생들의 종류와 모양과 본체와 성품을 알되, 어떤 일을 기억하며, 어떤 일을 생각하고, 어떤 일을 닦으며, 어떻게 기억하고, 어떻게 생각하며, 어떻게 닦고, 어떠한 법으로 기억하며, 어떠한 법으로 생각하고, 어떠한 법으로 닦으며, 어떠한 법으로써 어떠한 법을 얻는가를 알기 때문이니라.

중생이 갖가지 경지에 머물러 있는 것을 여래만이 여실히 보아 걸림 없이 아나니, 마치 저 초목·총림과 모든 약초 등이 스스로는 상·중·하의 성품을 알지 못하되, 여래는 이를 아는 것과 같으니라.

여래는 이 한 모습이며 한맛인 법을 아나니 이른바 마침내 빈 것으로 돌아가는 것이니라.

부처님은 이것을 알고 중생들 마음의 욕망을 관찰하여 보호하니 이렇게 함으로써 바로 모든 일체종지를 설하지 아니하였노라. 가섭아, 그대들은 매우 드물게도, 여래가 근기 따라 설법함을 알고 능히 믿고 받았구나. 왜냐하면 여러 부처님이 근기따라 설하는 법은 이해하기 어렵고 알기 어려운 때문이니라.

그때, 세존께서 이 뜻을 펴시려고 게송으로 말씀하셨다.

'있음'을 깬 법왕이　　이 세상에 나타나서
중생들의 욕망따라　　갖가지로 설법하네.
부처님은 존중하고　　그 지혜는 매우 깊어
오래도록 중요한 법　　말씀하지 않으시니
지혜인이 듣는다면　　믿고 이해하려니와
무지한 자 의심하여　　영영 잃게 되느니라.
가섭아, 그러므로　　근기 따라 설하여서
갖가지의 인연으로　　바른 견해 들게 한다.

가섭은 바로 알라.　　비유컨대 큰 구름이

세간 위에 일어나서　　온갖 것을 뒤덮듯이

지혜 구름 비를 품고　　번갯불이 번쩍이며

우뢰 소리 진동하니　　중생들은 기뻐하고

태양빛을 가려주니　　땅 위에는 서늘하며

뭉게구름 자욱하며　　손끝에 닿는 듯하여

고루 넓게 내리는 비　　동서남북 어디에나

무량하게 퍼부어서　　땅마다 흡족히 하네.

산과 내와 험한 골짝　　갖가지 풀과 나무

그 많은 약초들　　크고 작은 나무들과

모든 곡식 여러 싹과　　큰 감자와 포도들이

단비를 흠뻑 받아　　저마다 만족하며

메마른 땅 고루 젖어　　약초 나무 무성하네.

한 구름에서 내린 비　　한 가지의 물맛이나

모든 풀과 나무들이　　분수 따라 윤택하니

작은 나무 큰 나무며　　상중하의 대소 초목

크고 작은 분수대로　　저마다 자라날 새

뿌리 줄기 가지와 잎   꽃과 열매 빛과 모양

한 비로써 적시오니   아름답고 윤택하며

체질이나 모양이나   크고 작은 성분따라

젖기는 같은 비인데   무성함은 각기 다르네.

부처 또한 그와 같이   이 세상에 나타나니

비유컨대 큰 구름이   세상 모두 덮어주듯

이 세상에 나셨도다.   모든 중생 위하여서

모든 법의 참된 이치   분별하여 설법하네.

큰 성인 부처님이   여러 하늘 인간들과

많은 대중 가운데서   선언하여 하신 말씀

나는 바로 여래이니   가장 높은 세존이라.

이 세상에 나타남은   큰 구름이 덮히는 듯

메마른 모든 중생   흡족하게 비를 주어

괴로움을 다 여의고   안온한 낙을 얻어

이 세간의 즐거움과   열반락을 얻게 하네.

하늘 사람 대중들이   한마음으로 잘 들으며

너도나도 모여 와서   높은 이를 친견하네.

나는 바로 세존이라　　미칠 이가 아주 없다.

중생을 편안케 하려　　세상 출현했으므로

대중들을 위하여서　　감로법을 말하노라.

그 법은 한맛으로　　해탈이요 열반이라.

한 가지의 묘한 음성　　이런 뜻을 설법하며

대승법을 항상 위해　　인과 연을 짓거니와

모든 것을 내가 보니　　널리 모두 평등하고

이것이라 저것이라　　곱고 미운 마음 없고

탐착하는 생각이나　　걸림 또한 없음이라.

모든 뭇 삶 위하여서　　평등하게 설법하며

한 사람을 위하듯이　　여러 중생 마찬가지

어느 때나 법을 연설　　다른 일은 전혀 없고

가고 오며 앉고 서도　　피곤한 줄 모르노라.

세간마다 충족하게　　단비가 내려오듯이

귀천이나 상하거나　　계행 갖고 파한 이나

몸가짐을 갖추거나　　갖추지 않았거나

바른 소견 나쁜 소견　　영리하고 둔한 머리

평등하게 법비 내려   게으른 줄 모르노라.

모든 중생들이   내 법 한 번 듣고 나면

힘따라 받아 익혀   여러 지위 머물 적에

혹은 하늘 혹은 사람   전륜성왕 제석천왕

범천왕과 같은 이들   이들은 작은 약초.

새지 않는 법을 알아   열반락을 얻고 나서

여섯 신통 일으키고   삼명까지 얻은 뒤에

산림 속에 홀로 있어   선정을 항상 닦아

연각을 증득하면   이런 이는 중품 약초.

세존 계신 곳 찾아   나도 성불하리라고

선정 닦고 정진하면   이들은 상품 약초.

또는 여러 불자들이   한맘으로 도를 닦아

자비한 맘 항상하여   성불할 것 제가 알고

의심 다시 없는 이   그런 이는 작은 나무.

신통에 머물면서   물러남 없는 법륜 굴려

셀 수 없는 백천만억   많은 중생 제도하면

이와 같은 보살들은   큰 나무라 이르니라.

부처님의 평등한 법   한결같은 비 맛이나

중생들의 성품 따라   받는 것이 같지 않아

비를 맞는 풀과 나무   다른 것과 같으니라.

부처님의 비유로   방편 써서 열어주고

가지가지 이야기로   일승법을 연설하나

부처님의 지혜에는   큰 바다의 물 한 방울.

내가 이제 법비 내려   세간 충만시켰으니

한 물맛의 그 법에서   힘을 따라 닦는 것이

저 숲속의 풀과 약초   크고 작은 나무들이

자기들의 분수대로   자라남과 같으니라.

여러 부처님의 법은   항상 맛이 하나지만

모든 세간 중생들이   골고루 다 갖추고

점차로 행을 닦아   도의 결과 얻게 하네.

성문이나 연각들이   숲속에 있으면서

최후 몸에 머물러서   법을 듣고 과 얻으니

이런 일은 약초들이   점점 자람 같으니라.

만일 모든 보살들이   지혜와 행이 굳어

삼계를 밝게 알고   위없는 법 구한다면

이것은 작은 나무   자라남과 같으니라.

다시 선정 머무르면서   신통한 힘을 얻으며

법의 공함 얻어 듣고   마음 크게 기뻐하며

무수한 큰 빛 놓아   여러 중생 제도한 이

이런 것은 큰 나무가   점점 자람 같다 하네.

가섭아, 이와 같이   부처님의 설하신 법

비유컨대 큰 구름이   한맛의 비를 내려

꽃과 인간 적시오니   열매 모두 맺느니라.

가섭아, 바로 알라.   여러 가지 인연들과

갖가지의 비유로써   부처님 도 열어 뵈니

이는 나의 방편이요   여러 부처 마찬가지.

이제 너희들을 위한   참다운 법 설하나니

여러 성문 대중들은   멸도가 다 아니며

너희 오직 행할 바는   보살도를 행할 일뿐

점점 닦고 배우면서   모두 성불하리로다.

6. 수기품

그때, 세존께서 게송을 설하시고 대중들에게 이렇게 말씀하셨다.

"나의 제자 마하가섭은 미래세에 삼백만억 부처님을 받들며 공양·공경·존중·찬탄하고 널리 모든 부처님의 헤아릴 수 없는 큰 법을 설하고 최후의 몸으로 성불하리니, 이름은 광명여래·응공·정변지·명행족·선서·세간해·무상사·조어장부·천인사·불세존이라 하며, 나라 이름은 광덕이요, 겁의 이름은 대장엄이라.

부처님 수명은 십이 소겁이며, 바른 법이 세상에 머묾은 이십 소겁이요, 상법도 또한 이십 소겁을 머물게 되리라.

그 나라는 장엄하게 꾸며지고 더러운 기와조각, 가시덤불, 대소변 등 부정한 것이 없으며,

그 국토는 평정하여 높고 낮거나 구렁과 언덕이 없고, 유리로 땅이 되고 보배나무가 줄을 지었으며 황금으로 줄을 만들어 길의 경계 표시하고 꽃을 뿌려서 두루 맑고 깨끗하리라.

그 나라의 보살들은 무량한 천억이며 성문들도 셀 수 없고 마의 장난이 없으니, 비록 마와 마의 권속이 있다 해도 다 부처님 법을 지키느니라.

이때, 세존께서 이 뜻을 펴시려고 게송으로 말씀하셨다.

비구들께 말하리라.   부처님의 눈으로서

가섭을 내가 보니   수없는 겁을 지나

앞으로 오는 세상   부처 몸을 이루고저

그 세상에 계신 세존   삼백만억 부처님을

받들어서 공양하고   모든 부처 세존님의

불지혜를 얻기 위해   범행을 깨끗이 닦아

법계의 가장 높은   양족존께 공양하고

모든 법을 닦으옵신　　위없는 지혜 닦고 익혀

최후 몸을 받아 지녀　　성불함을 얻으리라.

그 나라는 청정하여　　유리로 땅이 되었고

여러 가지 보배나무　　도로마다 즐비하며

황금줄로 경계하니　　보는 사람 환희하고

향기 좋은 여러 꽃을　　항상 흘어 뿌리오니

여러 가지 아름다운　　보배로써 장엄할 새

그 땅이 평정하여　　구렁 언덕 없으며

많고 많은 보살 대중　　그 수를 알 수 없어

마음들이 부드럽고　　큰 신통을 얻었으며

부처님의 대승경전　　받들어서 지니오며

성문들로 샘이 없는　　최후에 받을 몸들

대법왕의 아들들도　　그 수가 많고 많아

천안으로 볼지라도　　능히 세지 못하나니

그 부처님 누릴 목숨　　십이 소겁 오랜 세월

바른 법 머물기는　　이십 소겁이라 하며

상법 또한 마찬가지　　그와 같은 세월이니

큰 빛의 그 부처님   하시는 일 이렇노라.

이때, 대목건련과 수보리와 마하가전연 등이

감격스러워 하며 한마음으로 손 모으고 부처

님 존안을 우러러보며 잠시도 눈을 떼지 아니

하고 소리를 함께 하여 게송으로 여쭈었다.

크고 장한 세존은   석씨 문중의 법왕자

불쌍한 우리들 위해   부처 말씀 주옵소서.

우리 마음 아시고   수기하여 주신다면

감로수로 열을 식혀   시원함을 얻나이다.

주린 배로 헤매다가   대왕 성찬 만났어도

마음들이 두려워서   감히 먹지 못하오니

만일 왕이 먹으라면   그때에야 감식하듯

우리들도 그와 같아   소승 허물만 생각하고

부처님의 무상 지혜   구할 길을 몰랐었네.

너희들도 성불한다   부처님 음성 들어도

오히려 마음 두려워   선뜻 이해 못하지만

만일 수기 하신다면   이제 편안하오리다.

장하옵신 세존께서   세간 편케 하시려고

수기하여 주신다면   가르침을 받으리다.

이때, 세존께서 제자들이 생각하는 마음을 아

시고 비구들에게 말씀하셨다.

"이 수보리는 오는 세상에 삼백만억 나유타

의 부처님을 받들어 모시며 공양·공경하고

존중·찬탄하며, 항상 몸과 마음을 닦아 보살

도를 다 갖추고 최후 몸에 성불하니, 그 이름

은 명상여래·응공·정변지·명행족·선

서·세간해·무상사·조어장부·천인사·불

세존이며, 겁의 이름은 유보요, 나라 이름은

보생이니라.

그 국토는 평탄하며 파려로 땅이 되고 보배나

무로 장엄하며 언덕·구령·모래·자갈·가

시덤불·대소변 등 더러운 것이 없고 보배꽃

이 땅을 덮어 산하대지가 청정하니라.

그 나라 백성들은 모두 보배로운 집이나 진묘

하고 아름다운 누각에서 살며 성문 제자는 헤아릴 수 없고 그지없어 산수비유로 알 수 없으며 여러 보살대중이 천만억인데 머묾은 나유타 무량수니라.

부처님 수명은 십이 소겁이요, 바른 법이 세상에 머묾은 이십 소겁이며, 상법도 또한 이십 소겁이니라.

그때 수보리는 부처 되어 항상 허공에 거처하면서 중생을 위하여 법을 설하시며 헤아릴 수 없는 보살과 성문들을 제도하리라.”

이때, 세존께서 이 뜻을 펴시려고 게송으로 말씀하셨다.

'이 모든 비구들이여   내 이제 말하노니
너희들은 한마음으로   내 말을 잘 들어라.
나의 자랑스런 제자   수보리는 오는 세상
부처를 이루게 되니   그 이름은 명상이라.
셀 수 없는 만억 부처   찾아뵙고 공양하며

부처님의 행을 따라   큰 도를 점차 닦아

최후에 받은 육신   미묘한 삼십이상

단정하고 특수하기   보배로운 산과 같고

그 부처님 국토는   엄정하기 제일이니

이런 모습 보는 중생   모두 다 즐겨하니

부처님은 그 가운데   무량 중생 제도하네.

그 부처님 법 안에서   무수한 모든 보살

모두 근기 수승하며   불퇴 법륜 굴리오니

명상 부처 그 국토가   보살로서 장엄되고

성문 대중들도 많아   셀 수 없이 많은 수라.

모두 다들 삼명 얻고   육신통을 갖추어서

팔해탈에 머무르며   큰 위덕이 있느니라.

그 부처님 설법으로   나타내는 신통변화

셀 수 없고 가이없어   불가사의 일이오니

항하의 모래 수 같은   여러 천상 사람들이

다 같이 합장하고   부처 말씀 들으리라.

그 부처님 수명은   십이 소겁이나 되고

정법이 그 세상에서   머물기는 이십 소겁

상법 또한 마찬가지   이십 소겁 머물리라.

이때, 세존께서 다시 비구들에게 말씀하셨다.

"내가 그대들에게 말하노니, 이 대가전연은

오는 세상에 여러 가지 공양물로 팔천억 부처

님을 받들어 섬기고 존중하여 공경할 것이며,

여러 부처님이 멸도하신 뒤에는 각각 탑과 절

을 세우되, 높이가 일천 유순이요, 가로와 세

로가 똑같이 오백 유순이라.

금·은·유리·자거·마노·진주·매괴 등

칠보를 합하여 이루어지고 온갖 꽃과 영락·

바르는 향·가루향·사르는 향과 증개·당번

등으로 탑과 절에 공양하며, 이런 일을 마친

뒤에 다시 이만억 부처님께 공양하되 또한 이

와 같이 하고 이 여러 부처님께 공양하여 마

친 뒤 보살도를 구족하여 마땅히 성불하니,

그 이름은 염부나제금광여래·응공·정변

지·명행족·선서·세간해·무상사·조어장부·천인사·불세존이라.

그 국토는 평정하며, 파려로 땅이 되고 보배 나무로 장엄하며, 황금으로 줄을 만들어 길의 경계 표시하며, 묘한 꽃으로 땅을 덮어 두루 청정하니, 보는 이마다 기뻐하리라.

네 가지 나쁜 지옥·아귀·축생·아수라가 없고, 하늘·사람이 많으며, 만억의 성문들과 보살들로 그 나라를 장엄하리라.

부처님의 목숨은 십이 소겁이요, 바른 법이 세상에 머묾은 이십 소겁이며, 상법도 또한 이십 소겁을 머물리라."

그때 세존께서 이 뜻을 펴시려고 게송으로 말씀하시었다.

여기 모인 비구들아　　한마음으로 들어 보라.

내가 설하는 법은　　진실하여 다름없다.

비구인 가전연은　　갖가지 아름다운

좋고 묘한 공양물로 여러 부처 공양하고
부처님 멸도한 뒤 칠보탑 세우고
아름다운 꽃으로써 사리를 공양하고
그 최후의 몸으로서 부처님의 지혜 얻어
등정각을 이루어 그 국토는 청정하며
셀 수 없는 만억 중생 남김없이 제도하고
시방 천상 인간의 많은 공양 받으니
그 부처님 큰 빛보다 더할 이가 없사오며
이와 같이 밝은 부처 그 이름은 염부금광
많은 보살 여러 성문 모든 있음 끊고서
셀 수 없고 가이없이 그 나라를 장엄하리.

이때 세존께서 다시 대중들에게 말씀하셨다.

"내 이제 그대들에게 말하노라. 대목건련은 여러 가지 공양물로 팔천 모든 부처님께 공양하며 공경·존중하고 여러 부처님 열반하신 뒤에는 각각 탑과 절을 세우되 높이가 일천 유순이요, 가로와 세로가 똑같이 오백유순이

되게 하리라.

금·은·유리·자거·마노·진주·매괴 등

칠보로 합하여 이루고 여러 가지 꽃과 영락과

바르는 향·사르는 향·가루향과 증개·당번

으로 탑과 절에 공양하며 이 같이 이백만억

부처님께 공양하고 성불하리라.

이름은 다마라발전단향여래·응공·정변지·

명행족·선서·세간해·무상사·조어장부·

천인사·불세존이라.

겁의 이름은 희만이요, 나라의 이름은 의락

이니, 그 국토는 평정하며 파려로 땅이 되니

보배나무로 장엄하고 진주꽃을 흩어 두루 청

정하여 보는 이마다 기뻐하고 하늘·사람이

많으며 보살·성문은 그 수가 헤아릴 수 없

으리라.

부처님 수명은 이십사 소겁이요, 바른 법이

세상에 머묾은 사십 소겁이며, 상법도 또한

사십 소겁을 머무르리라."

이때, 세존께서 이 뜻을 펴시려고 게송으로
말씀하셨다.

나의 제자로서　　　　여기 있는 대목건련

이 몸이 다한 뒤에　　　팔천이백만억이신

부처님 여러 세존　　　많고 많은 무량수를

부처님 길 위하므로　　공양하고 공경하며

부처님 계신 곳에서　　청정 범행 항상 닦아

부처님 법 받들기를　　셀 수 없이 오랜 세월

그 부처님 열반 뒤에　　칠보탑을 세우면서

높게 꽂은 긴 표찰은　　황금으로 만들고

꽃과 향과 기악으로　　탑과 절을 공양하며

보살도를 갖추어서　　자기 국토 의락국에서

부처님을 이룰지니　　성불하여 얻은 이름

다마라발전단향불　　이와 같이 부르리라.

이 부처님 목숨은　　　이십사 소겁이며

하늘과 인간 위해　　　불도 연설하여서

셀 수 없는 성문 대중   항하 모래 수 같아도

삼명과 육신통으로   크게 위덕 갖추시니

그 무수한 보살들은   부지런히 정진하여

부처 지혜에 들어와   물러남이 전혀 없네.

부처님 열반하신 뒤   정법 상법 사십 소겁.

나의 여러 제자들도   위덕 모두 갖추오니

그 수가 오백 명이라   하나도 빠짐없이

오는 세상 성불한다   수기하여 줄 것이니

나와 모든 제자들과   지난 세상의 인연을

내 이제 설하려 하니   제자들은 잘 들어라.

7. 화성유품

부처님께서 비구들에게 말씀하셨다.

"지나간 과거 헤아릴 수 없고 가이없으며, 불가사의한 아승지겁에 한 부처님이 계셨으니, 이름이 대통지승여래·응공·정변지·명행족·선서·세간해·무상사·조어장부·천인사·불세존이시며, 그 나라 이름은 호성이요, 겁의 이름은 대상이었노라.

비구들이여, 그 부처님은 멸도하신 지가 아주 오래 되었느니라.

비유하면, 가령 어떤 사람이 삼천대천세계의 모든 땅을 갈아서 먹물을 만들어 동방으로 일천 국토를 지나서 그 먹물 한 점을 떨어뜨리고, 또 일천국토를 지나 한 점을 떨어뜨려서 그 먹물이 다하도록 하였다면, 그대들 생각에는 어떠한가. 이 모든 국토를 셈 잘하는 자나 그의 제자들도 그 끝간 데를 알거나 짐작하지 못하는 그 수를 알 수 있겠느냐."

"알 수 없나이다. 세존이시여."

"비구들이여, 어떤 사람이 지나간 국토의 겁이 떨어진 곳이나 떨어지지 아니한 곳을 다 부수어 티끌을 만들어서 티끌 하나를 한 겁으로 친다 하더라도, 그 부처님이 열반하신 지는 이 수보다 더 오래인 헤아릴 수 없고 가이 없는 백천만억 아승지겁이니라.

나는 여래의 슬기롭게 보는 힘으로 그렇게 오래된 옛일을 오늘의 일처럼 볼 수 있노라."

이때, 세존께서 이 뜻을 펴시려고 게송으로 말씀하셨다.

지난 세상 생각하니   셀 수 없는 오랜 겁에

한 부처님 계셨으니   그 이름 대통지승불.

어떤 사람 힘을 써서   삼천대천 큰 땅덩이

먹물로 다 만들어   그 먹물을 다 가지고

일천 국토 지날 적에 한 방울 떨어뜨리며

이렇게 전전하여 그 먹물 다한 뒤에

먹물 떨어진 국토나 안 떨어진 여러 국토

가는 티끌 만들어서 한 티끌이 일 겁 돼도

그보다도 수가 많아 멀고도 먼 겁이니라.

여래께서 멸도하심 셀 수 없고 가이없어

여래의 지혜로는 저 부처 멸도하심

성문 보살 아는 것이 오늘 멸도 봄과 같네.

비구들아, 바로 알라. 미묘하신 불지혜는

샘이 없고 걸림 없이 무량한 겁 통하노라.

부처님께서 여러 비구들에게 말씀하셨다.

"대통지승 부처님의 목숨은 오백사십만억 나

유타 겁이니라. 그 부처님이 도량에 앉아 마

군들을 물리치고 위없이 높고 바른 깨달음을

얻으려 하였으나, 모든 부처님 법이 앞에 나

타나지 않으므로 일 소겁에서 십 소겁에 이르

도록 가부좌를 하시고 몸과 마음이 움직이지

않으셨으나 그래도 모든 부처님 법이 아직 앞

에 나타나지 않았노라.

이때, 도리천 여러 하늘에서 부처님을 위하여

보리수 아래 사자좌의 높이를 일 유순으로 만

들어 놓고 '부처님께서 여기에 앉으셔서 위

없이 높고 바른 깨달음을 얻으소서' 하니 그

자리에 앉으셨느니라.

이때, 여러 법천왕이 온갖 하늘꽃을 뿌리되

사면이 일백 유순이며 향긋한 바람이 불어와

시들은 꽃은 날려 버리고 다시 새 꽃을 내려

서 이 같이 끊이지 않게 하기를 십 소겁 동안

부처님께 공양하였으며, 열반하실 때까지 항

상 이 꽃을 뿌리니 사천왕들도 부처님께 공

양하기 위하여 항상 하늘 북을 치고 여러 하

늘들도 하늘의 기악을 연주하길 십 소겁을

다하고 열반하실 때까지 또한 이와 같이 하

였노라.

비구들이여, 대통지승 부처님께서 십 소겁을 지나서야 모든 부처님의 법이 나타나서 위없이 높고 바른 깨달음을 이루었노라.

그 부처님께서 출가하시기 전에 열여섯 명의 왕자가 있었으니, 첫째 아들은 이름이 지적이었느니라.

그 아들들은 각각 진귀한 보배를 가지고 있었으며, 아버지가 위없이 높고 바른 깨달음을 이루셨다는 말을 듣고 모두 보배를 놓아 버리고 부처님 계신 곳으로 가니, 어머니들은 눈물을 흘리며 전송하였노라.

아이들의 할아버지이신 전륜성왕도 일백 대신과 백천만억 백성들과 다 함께 부처님의 도량에 이르러, 대통지승 부처님을 친견하고 공양·공경하며 존중·찬탄하고 머리를 조아려 발에 예배하면서 부처님을 돌고서 한마음으로 합장하고 세존을 우러러보면서 게송으로 말하였느니라.

> 큰 위덕의 세존께서 중생 제도 하시려고
> 억만년을 지나서야 부처가 되셨으니
> 여러 소원 다 갖추고 거룩하기 끝이 없네.
> 세존 매우 희유하사 십 소겁을 한자리에
> 온 몸과 손발이 고요하며 편안하고
> 그 마음이 담백하여 어지럽지 않으시며
> 마침내는 적멸하여 무루법에 머물러서
> 세존께서 편안하게 성불하심 보옵니다.
> 저희들은 이익 얻어 크게 기뻐하나이다.
> 중생 고뇌 항상해도 도사 없고 어두워서
> 고통 끊는 길 모르고 해탈을 구하지 못해
> 긴 세월 악만 늘어 하늘 인간 적어지고
> 어둠 속만 파고들어 부처 이름 못 들었네.
> 안온하고 위없는 도 부처님이 얻으시니
> 저희들과 하늘 인간 큰 이익을 얻으므로
> 머리 함께 조아리어 무상존께 귀의합니다.

이때, 열여섯 왕자는 게송으로 부처님 찬탄을

마치고 세존께 진리의 수레바퀴 굴려주시기

를 간청하며 다 함께 이렇게 여쭈었느니라.

'세존이시여, 세존께서 하시는 설법은 저희

들을 편안케 하오니, 저희들을 불쌍히 여기시

고 여러 하늘과 백성들을 이롭게 하옵소서.'

그리하여 다시 게송으로 말하였느니라.

　　이 세상에 다시 없이　　복덕으로 장엄하사

　　무상 지혜 얻은 세존　　중생 위해 설하소서.

　　저희들과 여러 중생　　해탈시켜 주시려면

　　분별하여 보이시고　　지혜 얻게 하옵소서.

　　저희들도 성불하면　　우리 또한 행하려니

　　세존께서 중생심을　　깊이깊이 생각하시어

　　저희들 깊은 마음　　행할 도와 지혜의 힘

　　욕락과 닦는 복덕　　지난 세상 행법들을

　　세존께서 아시리니　　위없는 법 설하소서.

부처님께서 비구들에게 말하였다.

화
성
유
품

63

"대통지승 부처님이 위없이 높고 바른 깨달음을 얻으셨을 때, 시방의 오백만억 모든 부처님 세계가 여섯 번 진동하고, 그 나라의 위엄 있는 햇빛도 달빛도 미치지 못하는 골짜기까지도 다 밝은 빛이 비치니, 중생들이 서로 보며 말하였느니라.

'이 같은 일이 어찌하여 홀연히 생겼는가.'

또 그 세계의 모든 하늘 궁전과 범천의 궁전들이 여섯 번 떨리어 움직이며 큰 빛이 널리 비쳐 세계에 두루 가득 차니 모든 하늘의 큰 빛보다 더 밝았느니라.

이때, 동방의 오백만억 모든 국토 가운데에 있는 범천궁전에 큰 빛이 밝게 비치되 항상 있던 큰 빛보다 배나 더 밝은지라, 여러 범천왕들이 생각하였느니라.

'지금 궁전의 큰 빛은 예전에 없던 일이니 무슨 인연으로 이런 상서로움이 나타나는가.'

범천왕들이 서로 이 일을 의논할 때, 그들 중에 한 대범천왕이 있었으니 이름은 구일체라. 모든 범천대중을 위하여 게송으로 말하였느니라.

우리들의 궁전마다   전에 없던 이 밝은 빛
그 원인은 무엇인가   서로 함께 찾아보자.
대덕존이 나심인가   부처 나타나심인가.
이렇게 밝은 빛이   시방세계 밝혀 오네.

이때, 오백만억 국토의 범천왕들이 꽃상자에 궁전과 온갖 하늘꽃을 가득 담아 서쪽으로 가면서 그 상서로움을 찾다가, 대통지승여래가 도량의 보리수 아래 사자좌에 앉으시고 여러 하늘·용왕·건달바·긴나라·마후라가·사람인 듯 아닌 듯한 것들이 공경하며 에워싸고 있음을 보고 또 십육 왕자가 부처님께 '진리의 바퀴를 굴려 주소서' 하고 간청함을 보았느니라.

즉시에, 범천왕들도 머리 조아려 부처님께 예배하고 주위를 돌며 하늘꽃을 부처님 위에 뿌리니 그 뿌린 꽃이 수미산과 같고 아울러 부처님이 앉으신 보리수에도 공양하니, 그 보리수의 높이는 십 유순이더라.

꽃 공양을 마치고 각각 궁전을 부처님께 받들어 올리며 이렇게 말씀드렸느니라.

'오직 저희들을 어여삐 보시어, 이롭게 하기 위해 바치는 궁전을 받으시고 저희들을 이익되게 하옵소서.'

이때 범천왕들이 곧 부처님 앞에서 한마음으로 소리를 같이 하여 게송으로 말하였느니라.

세존께서 희유하사 만나 뵙기 어려워라.

무량 공덕 갖추시고 모두 능히 구하시며

하늘 인간 대사되어 중생들을 위하시니

시방의 여러 중생 큰 공덕 입나이다.

우리들이 찾아온 곳 오백만억 먼 국토며

선정락을 두고옴은　　부처 공양 위함이며

지난 세상 복덕으로　　장엄한 여러 궁전

세존께 바치오니　　원컨대 받으소서.

이때 여러 범천왕이 게송으로 부처님을 찬탄하고, 각각 말하였느니라.

'원컨대, 세존이시여, 진리의 수레바퀴를 굴리시어 중생을 제도하시고 열반의 길을 열어 주소서.'

이때에 여러 범천왕이 한마음이 되어 게송으로 말하였노라.

훌륭하옵신 양족존　　법을 연설하시어

대자대비한 힘으로　　중생 제도 하옵소서.

이때, 대통지승여래는 말없이 이를 허락하셨느니라.

또 비구들이여, 동남방에 오백만억 국토에 있는 여러 범천왕들이 각기 자기 궁전에 큰 빛이 밝게 비치되 일찍이 없던 일임을 보고 기

뻐하며 희유한 마음을 내며 서로 찾아가서 함

께 이 일을 의논하였노라.

이때, 그 대중 가운데 한 대범천왕이 있었으

니, 이름은 대비라. 여러 범천 대중을 위하여

게송으로 말하였느니라.

　　　이 빛은 무슨 인연　　밝은 상서 나타나니

　　　우리들의 궁전에서　　전에 없던 큰 빛 보네.

　　　대덕께서 나심인가　　부처 출현 하심인가.

　　　일찍이 못 본 상서로움　한마음으로 찾으리니

　　　천만억 많은 국토　　지내어서 찾으리라.

　　　아마 중생 제도하려　부처 나타나심이라.

이때, 오백만억의 범천왕들이 꽃상자에 온갖

하늘꽃을 가득 담아 함께 서북쪽으로 가면서,

이 상서로움을 찾다가, 대통지승여래께서 도

량의 보리수 아래 사자좌에 앉으시고 모든 하

늘·용왕·건달바·긴나라·마후라가·사람

인 듯 아닌 듯한 것들이 공경하여 에워싸고

있음을 보았으며, 열여섯 왕자가 부처님께 진리의 바퀴를 굴리시기를 청하고 있음을 보았느니라.

이때, 여러 범천왕이 머리를 조아려 부처님께 예배하고 백천 번을 돌며 하늘꽃을 부처님 위에 뿌리니 그 뿌린 꽃이 수미산과 같았느니라. 아울러 부처님의 보리수에도 공양하였으며, 꽃 공양을 마치자 각기 궁전을 부처님께 바치며 이런 말을 하였느니라.

'오직 어여삐 여기시어 저희들을 이롭게 하사 바치는 궁전을 원컨대 받아주소서.'

이때, 여러 범천왕들이 부처님 앞에서 한마음으로 소리를 같이 하여 게송으로 말하였느니라.

성주이시며 천중왕   가릉빈가 음성으로
중생 위해 설법하니   우리 모두 공경하네.
세존 매우 희유하사   나타나기 어려워서

일백팔십 겁 동안   부처님이 안 계시어

삼악도는 충만하고   하늘중생 줄어드니

이제 부처 나타나셔   중생의 눈 되시네.

세간 모두 귀의하며   온갖 것을 구원받고

모든 중생 아버지라   불쌍타고 주는 이익

우리들의 쌓은 복덕   오늘 세존 만나 뵙네.

이 여러 범천왕은 게송으로 부처님을 찬탄하고 각기 말하였느니라.

'원컨대 세존이시여, 모든 중생을 불쌍히 여기시어 진리의 바퀴를 굴려 중생을 제도하소서.'

여러 범천왕들이 한마음 되어 게송으로 말하였으니,

대성이여, 법륜 굴려   법 모양 나타내시고

고뇌하는 중생제도   기쁘게 하옵시니

중생들이 법문 듣고   제도되고 하늘에 나

여러 악도 줄어들고   착한 이가 늘어나네.

이때, 대통지승여래께서 말없이 허락하시니라.

또 비구들이여, 남방 오백만억 국토의 여러
대범천왕이 각기 자기 궁전에 큰 빛이 밝게
비치니 예전에 보지 못하던 것을 보고 기쁨에
넘쳐 희유한 마음을 내어 서로 찾아가 함께
이 일을 의논하였느니라.

'무슨 인연으로 우리의 궁전에 이런 큰 빛이
비치는가.'

그 대중 가운데 한 대범천왕이 있어 이름이
묘법이라. 모든 범천 대중을 위하여 게송으로
말하였느니라.

우리들의 궁전마다　　큰 빛 매우 밝으니
이 일이 무슨 인연　　이 상서를 찾아보리.
백천 겁을 지나도록　　이런 상서 없었나니
큰 대덕이 나심인가　　부처 나타나심인가.

이때, 오백만억 여러 범천왕이 꽃상자에 궁전
과 온갖 하늘꽃을 가득 담아 북방으로 함께
가면서 이 상서로움을 찾다가, 대통지승여래

께서 도량의 보리수 아래 사자좌에 앉으시고

모든 하늘·용왕·건달바·긴나라·마후라

가·사람인 듯 아닌 듯한 것들이 공경하며 에

워싸고 있음을 보고, 열여섯 왕자가 부처님께

진리의 바퀴를 굴려주십사 하며 청하는 것을

보았느니라.

이 범천왕들도 머리 숙여 부처님께 예경하고

부처님 주위를 백천 번을 돌며 곧 하늘꽃을

부처님 위에 뿌리니, 뿌린 꽃이 수미산과 같

으며 아울러 부처님 계신 보리수에도 공양했

느니라. 꽃 공양을 마친 뒤 각기 궁전을 부처

님께 바치고 말하였으니,

'오직 어여삐 여기시어 저희들을 이롭게 하

사 바치는 궁전을 받아주소서.' 하고 여러 범

천왕이 부처님 앞에서 한마음 되어 게송으로

말하였느니라.

　　여러 번뇌 파하시는　　세존 뵙기 어려워라.

백삼십 겁 다 지나고   이제 한 번 만나 뵙네.

목마른 여러 중생   법비 내려 충만하니

예전에 못 보던 일   셀 수 없는 무량 지혜

우담바라 꽃 피듯이   오늘 부처 친히 뵙네.

저희들이 여러 궁전   큰 빛 찾아 공양하니

세존께서 대자비로   이를 받아 주옵소서.

그때 여러 범천왕이 게송으로 부처님 찬탄하기를 마치고 각기 말을 하였으니,

'바라건대, 세존께서는 진리의 바퀴를 굴리시어 모든 세간의 모든 하늘·마왕·범왕·사문·바라문들로 하여금 다 편안함을 얻고 해탈하게 하소서.'

범천왕들은 한마음 되어 소리를 같이 하고 게송으로 말하였느니라.

원하오니 세존께서   위없는 법 굴리시어

큰 법북을 울리시고   큰 법라를 부시면서

법비를 널리 내리어   중생 제도하여 주심

귀의하여 바라오니   설법하여 주옵소서.

이때, 대통지승여래께서 말없이 이를 허락하셨느니라.

서남방과 내지 하방까지도 또한 이와 같은 일이 있었느니라.

그때, 상방의 오백만억 국토의 여러 대범천왕들도 궁전에 광명이 찬란하여 예전에 없던 것임을 보고 뛸 듯이 기뻐하며 희유한 마음을 내고, 범천왕들이 함께 모여 이 일을 의논하였느니라.

'무슨 인연으로 우리 궁전에 이런 큰 빛이 있을까.'

그때, 그 대중 가운데 한 대범천왕이 있으니 이름이 시기라. 범천 대중을 위하여 게송으로 말하였느니라.

지금 무슨 인연인가.   우리들의 궁전마다
위엄과 덕 있는 빛   옛날 없던 장엄이라.

미묘하고 아름다워   듣도 보도 못 했거늘

대덕이 태어남인가   부처 나타나심인가.

그때 오백만억 여러 범천왕이 꽃상자에 궁전과 함께 온갖 하늘꽃을 가득 담아 하방으로 가면서 이 상서를 찾으니, 대통지승여래께서 도량의 보리수 아래 사자좌에 앉으시고 모든 하늘과 용왕·건달바·긴나라·마후라가·사람인 듯 아닌 듯한 것들이 공경하여 에워싸고 있음을 보며, 열여섯 왕자가 부처님께 법륜 굴리시기를 청함을 보았느니라.

이때, 여러 범천왕이 머리를 숙여 부처님께 예경하고 백천 번을 돌면서, 하늘꽃을 부처님 위에 뿌리니 뿌린 꽃이 수미산과 같으며, 아울러 부처님이 계신 보리수에도 공양하였느니라.

공양을 마치고 각기 궁전을 부처님께 바치면서 이런 말을 하였느니라.

'어여삐 여기사 저희들을 이롭게 하사, 바치

는 궁전을 원하옵건대 받아주소서.'

이때에 여러 범천왕들이 부처님 앞에서 한마
음 되어 게송으로 말하였느니라.

거룩하신 부처님들　　세상 고난 구하시려
삼계 지옥 여러 중생　　부지런히 건져내며
넓은 지혜 세존께서　　불쌍한 어린 중생들
감로문을 열어주어　　모두 제도하옵소서.
길고 긴 오랜 세월　　세존이 안 계실 적
헛되이 보낸 시간　　시방세계 어두웠네.
삼악도만 점점 늘고　　아수라는 성하면서
하늘중생 줄어들어　　죽어 악도 떨어지며
부처님 법 따르잖고　　착한 일을 외면하며
체력과 힘과 지혜　　모두 다 줄어드네.
죄업들의 인연들로　　즐거움을 다 잃고서
삿된 법에 걸리어서　　선한 법을 모르므로
부처 교화 못 받아서　　악한 길로 떨어지네.
세간의 눈 부처님이　　오랫만에 나타나셔

고통 받는 여러 중생   불쌍하게 여기시어

최정각을 이루시니   저희 마음 즐거웁고

그 밖의 모든 중생들   감탄하고 기뻐하네.

큰 빛 비쳐 장엄스런   저희들의 여러 궁전

세존님께 바치오니   부디 받아 주옵소서.

이러한 공덕으로   모두 보급하오리니

저희들과 여러 중생   부처님 도 이루리라.

이때, 오백만억 여러 범천이 게송으로 부처님을 찬탄하고, 각기 부처님께 말하였느니라.

원컨대 세존이시여   진리의 바퀴 굴리시어

안온하게 하시옵고   구제하여 주옵소서.

이때, 모든 범천왕도 게송으로 말하였느니라.

세존께서 법륜 굴려   감로의 미묘법으로

고뇌 속에 중생제도   열반길을 열어 보여

저희들 간절함 받아   부처님 음성으로

불쌍한 중생 위해   무량한 법 설하소서.

이때, 대통지승여래는 시방 모든 범천왕과 십

육 왕자의 청을 받으시고, 열두 가지 수행과

가르침의 법 바퀴를 세 번 설하셨으니, 혹은

사문이나 바라문이나 하늘·마왕·범왕이나,

세간의 그 누구도 설하지 못한 법이었노라.

이르시되, '이는 괴로움이며 이는 괴로움의

원인이며, 이는 괴로움이 없어짐이며, 이는

괴로움을 없애는 길이라.' 하시고, 또 십이인

연법을 널리 설하셨느니라.

'무명을 인연하여 행이 생기고, 행을 인연하

여 식이 생기고, 식을 인연하여 명색이 생기

고, 명색을 인연하여 육입이 생기고, 육입을

인연하여 촉이 생기고, 촉을 인연하여 수가

생기고, 수를 인연하여 애가 생기고, 애를 인

연하여 취가 생기고, 취를 인연하여 유가 생

기고, 유를 인연하여 생이 생기고, 생으로 인

연하여 늙고 죽음과 근심·슬픔과 고통·번

뇌가 생기느니라.

무명이 없어지면 행이 없어지고, 행이 없어지
면 식이 없어지고, 식이 없어지면 명색이 없
어지고, 명색이 없어지면 육입이 없어지고,
육입이 없어지면, 촉이 없어지고, 촉이 없어
지면 수가 없어지고, 수가 없어지면 애가 없
어지고, 애가 없어지면 취가 없어지고, 취가
없어지면 유가 없어지고, 유가 없어지면 생이
없어지고, 생이 없어지면 노사와 우비고뇌가
없어지느니라.'

부처님께서 하늘·사람 여러 대중들에게 이
법을 설하실 때, 육백만억 나유타 사람들이
모든 번뇌를 벗어나서 듣고 믿은 인연으로 모
든 마음의 해탈을 얻고, 모두 깊고 묘한 선정
과 삼명과 육신통을 얻어 팔해탈을 갖추었느
니라.

두 번째와 세 번째와 네 번째의 설법하실 때
에도 천만억 항하의 모래 같은 나유타 중생들

이 모든 것에 얽매임 없이 듣고 믿은 인연으로 모두 번뇌를 벗어나서 마음의 해탈을 얻었으며, 이후로 성문 대중들도 한량없고 그지없어 그 수를 헤아릴 수 없었느니라.

이때, 열여섯 왕자들은 동자로 출가하여 사미가 되니, 육근이 청정하고 지혜가 밝은지라, 백천만억 여러 부처님께 공양하고, 청정하게 범행을 닦아 위없이 높고 바른 깨달음을 구하려 하였느니라.

열여섯 왕자들이 부처님께 여쭈되,

'세존이시여, 이 헤아릴 수 없는 천만억 대덕 성문들은 이미 다 높은 덕을 이루었나이다. 세존께서는 저희들을 위하여 위없이 높고 바른 깨달음의 가르침을 설하여 주소서. 저희들이 듣고 다 함께 닦고 배우겠습니다.

세존이시여, 저희들은 여래의 지견을 얻고자 하오니 마음 깊이 염원하옴을 부처님께서는 증명하옵소서.' 하였느니라.

이때, 전륜성왕이 거느리고 온 대중 가운데 팔만억 대중이 열여섯 왕자의 출가함을 보고 자기들도 출가하기를 바라니, 왕이 곧 허락하였느니라.

이때, 부처님은 사미들의 청을 받으시고 이만 겁을 지나고 나서 사부대중들에게 이 대승경을 설하시니 이름은 《묘법연화경》이라. 보살을 가르치는 법이며, 부처님께서 보호하는 경이라.

이 경을 설해 마치시니 열여섯 사미들은 위없이 높고 바른 깨달음을 위하는 까닭에 다 같이 받아 지니고 외워 통달하였느니라.

이 경을 설할 때 열여섯 사미는 다 믿고 받았으며, 성문 대중 가운데 믿고 이해하는 이가 있었으나, 그 밖의 천만억 종류의 중생들은 모두 의심을 품었느니라.

부처님께서는 이 경을 설하심에 팔천 겁 동안을 쉬지 않으셨고, 이 경을 다 설하신 뒤 고요한 방에 들어가시어 팔만사천 겁을 선정에 드셨느니라.

이때, 열여섯 보살 사미도 부처님께서 방에서 고요히 선정에 드심을 알고, 각기 법좌에 올라가서 팔만사천 겁 동안 사부대중을 위하여 《묘법연화경》을 분별하여 설하니, 하나하나 모두 육백만억 나유타 항하사 중생들을 모두 제도하여 가르치고, 이롭게 하며 기쁘게 하여 그들로 하여금 위없이 높고 바른 깨달음의 마음을 일으키게 하였느니라.

대통지승 부처님께서는 팔만사천 겁을 지나서 삼매로부터 일어나 법좌에 나아가 편안히 앉으시고 여러 대중에게 말씀하셨느니라.

'이 열여섯 보살 사미는 매우 드물게 모두가 육근이 뛰어나고 지혜가 총명하며 일찍이 헤아릴 수 없는 천만억 부처님께 공양하고, 여러 부처님 계신 곳에서 항상 범행을 닦아 부처님의 지혜를 받아 지니며, 중생들에게 지혜를 열어 보여 중생들로 하여금 부처님 지혜에 들어가게 하였으니, 그대들은 모두 이 열여섯 보살을 자주 친근하여 공양하라.

만약 성문과 벽지불과 여러 보살이 이 열여섯 보살이 설하는 경법을 믿고 받아 지니며, 비방하지 않는 사람은 모두 위없이 높고 바른 깨달음의 부처님 지혜를 얻기 때문이니라.'

부처님께서 여러 비구에게 말씀하셨느니라.

"이 열여섯 보살은 항상 《묘법연화경》을 즐겨 설하니, 각각의 보살들이 교화한 육백만억 나유타 항하사 중생들이 세세생생에 보살과 함께 태어나서 그로부터 법을 들어 모두 믿고 이해하니, 이러한 인연으로 사만억의 부처님을 만나 뵈옵고 지금까지도 끝나지 아니하였느니라.

비구들이여, 내가 그대들에게 말하노니, 저 부처님의 제자인 열여섯 사미는 이제 모두 위없이 높고 바른 깨달음을 얻어 시방 국토에서 법을 설하며, 헤아릴 수 없는 백천만억 보살과 성문이 그들의 권속이 되었노라.

그중에 두 사미는 동방에서 성불하니 첫째 분의 이름은 아촉으로 환희국에 머무르시고, 둘째 분의 이름은 수미정이니라. 동남방에 두 부처님이 계시니 한 분의 이름은 사자음이요 또 다른 한 분의 이름은 사자상이며, 남방의 두 부처님의 한 분은 이름이 허공주요 또 한 분 이름은 상멸이며, 서남방의 두 부처님의 한 분은 이름은 제상이요 또 한 분 이름은 범상이며, 서방의 두 부처님의 한 분은 이름이 아미타요 또 한 분의 이름은 도일체세간고뇌며, 서북방의 두 부처님의 한 분은 이름이 다

마라발전단향신통이요 또 한 분의 이름은 수
미상이며, 북방의 두 부처님의 한 분은 이름
이 운자재요 또 한 분의 이름은 운자재왕이
며, 동북방의 부처님은 그 이름이 괴일체세간
포외이며 열여섯째는 나, 석가모니불이니 사
바국토에서 위없이 높고 바른 깨달음을 이루
었노라.

비구들이여, 우리가 전에 사미로 있을 때에
각기 헤아릴 수 없는 백천만억 항하사 중생들
을 교화하니, 나를 따라 그들이 법을 들음은
위없이 높고 바른 깨달음을 위함이니라.

이 여러 중생들은 지금도 성문의 경지에 머물
고 있어 내가 항상 위없이 높고 바른 깨달음
으로 교화하니, 이들은 모두 이 법으로써 부
처님 도에 들게 되리라.

이는 여래 지혜는 깊고 먼 것이므로 어렵고
알기도 어렵기 때문이니라.

사미로 있을 때에 교화한 헤아릴 수 없는 모래 같은 중생들이란, 그대 비구들과 내가 멸도한 뒤 미래 세상에 태어날 성문 제자들이니라.

내가 멸도한 뒤에 또 제자가 있어, 이 경을 듣지 못하고 보살의 행할 바를 알지도 못하며 깨닫지도 못하면서, 자기가 얻은 공덕으로 멸도하였다는 생각을 내어 열반에 든다고 하면, 내가 다른 나라에서 이름을 달리하여 성불하여서 이 사람이 비록 멸도하였을지라도 이 경을 얻어 듣게 하리라. 오직 일불승만으로 멸도를 얻을 것이요, 다시 다른 승은 없으나 여래들의 방편 설법은 제외하니라.

비구들이여, 만일 여래께서 열반할 때에 이르러 대중들이 청정하여 믿음과 이해가 견고하며, 법의 공한 속성을 깨달아서 선정에 들어갈 줄 알면 여러 보살과 성문들을 모아 놓고 그들을 위하여 이 경을 설하리라. 세간에서는

이승으로는 멸도를 얻을 수 없고, 오직 일불

승으로만 멸도를 얻을 수 있노라.

비구들이여, 마땅히 알라. 여래는 방편으로

중생의 성품 속에 들어가서 그들 뜻이 소승법

을 좋아하며 오욕에 깊이 탐착함을 알고, 이

들을 위하는 까닭으로 열반이라 설하나니 이

들이 듣게 되면 곧 믿어 받아들일 것이니라.

비유하면 오백 유순이나 되는 험난하고 나쁜

길이 절벽으로 막혔으며, 사람의 발자국마저

끊어진 무서운 곳을 많은 대중들이 이 길을

지나서 보배가 있는 곳에 이르려고 할 때에,

한 인도자가 있어서 총명한 지혜로 밝게 통달

하여 험난한 길이 통하고 막힌 곳을 잘 알아

여러 사람을 거느리고 이 험난한 곳을 통과하

고 있을 때, 사람들이 길 가운데에 싫증을 내

며 인도자에게 말하기를,

'우리들은 피로하고 지쳤으며 무서워서 더

갈 수 없는 곳입니다. 앞길이 아직도 멀고 머

니 이제 되돌아 갈까 합니다.' 하니, 인도자

는 방편이 많으므로 생각하였느니라.

'이들은 참으로 불쌍하구나. 어찌하여 많은

보배를 버리고 돌아가려 하는가.'

그리고는 방편을 써서 험난한 길 가운데에 삼

백 유순을 지나서 한 성을 만들어 놓고 여러

사람들에게 말하였느니라.

'그대들은 무서워하지 말고 되돌아가지 말

라. 이제 이 큰 성에 들어가면 뜻대로 할 수

있다. 만일, 이 성에 들어가면 편안함을 얻으

리라. 만일 앞의 보배 있는 곳에 이르고자 하

더라도 또한 갈 수 있느니라.'

이때, 피로에 지친 사람들이 마음에 크게 기

뻐하며 일찍이 없던 것이라 찬탄하였느니라.

'우리들이 이제야 이 험한 길 모면하고 안온

을 얻었도다.'

이 모든 사람들이 앞에 있는 변화로 된 성에 들어가서 다 왔다는 생각을 내며 편안하다는 생각을 내었느니라.

이때, 인도자는 이 사람들이 휴식을 얻어 피로하지 않음을 알고 곧 변화로 된 성을 없애고 여러 사람에게 말하였느니라.

'그대들아, 어서 가자. 보물이 있는 곳이 가까우니라. 먼저 있던 큰 성은 내가 만들어서 쉬어 가게 한 것이다.'

비구들이여, 여래도 그와 같아서 지금 그대들을 위하여 큰 인도자가 되어서, 온갖 생사번뇌의 악한 길이 험난하고 멀건만 마땅히 떠나고 마땅히 건너야 할 것을 아느니라.

만일 중생에게 부처님의 지혜인 최고의 경지를 가르친다면, 부처님을 뵈오려고 하지도 않고 친근하려고 하지도 않으며 생각하기를,

'부처님 도는 멀고 멀어서 오래 닦고 고생을

해야 이룰 수 있으리라.'고 하느니라.

부처님은 그들의 마음이 약하고 열등함을 알아 방편의 힘으로써 길 가운데에서 쉬도록 하기 위해 두 가지 열반을 설하신 것이니라.

만일 중생이 이 두 경지에 머무르면 여래는 그들을 위하여 설하노라.

'그대들은 할 일을 아직 다하지 못하였다. 그대들이 머물러 있는 경지는 부처님 지혜에 가까우니, 관찰하고 헤아려라. 그대들이 얻은 열반은 진실한 것이 아니요, 다만 여래가 방편으로써 오직 하나의 깨달음에 이르는 길인 일불승을 분별하여 삼승으로 설한 바니라.'

마치 저 인도자가 쉬어가게 하기 위하여 신통력으로 큰 성을 만들어 피로가 가셨음을 알고 그들에게 말하기를,

'보배 있는 곳이 가까우니라. 이 성은 진실이 아니요, 내가 신통으로 만들었을 뿐이라.' 함

과 같노라.”

이때, 세존께서 이 뜻을 펴시려고 게송으로
말씀하셨다.

대통지승 여래께서　　　도량에 앉아 십 겁 동안

부처님 법 뵙지 못해　　　성불하지 못하였네.

하늘 귀신 용왕들과　　　아수라의 무리들이

하늘 꽃비 항상 내려　　　그 부처님 공양하며

모든 하늘 북을 올려　　　기악들을 연주하며

향기롭게 부는 바람　　　새로운 꽃 또 내리며

십 소겁 지난 뒤에　　　부처님 도를 이루니

하늘과 세상 인간들　　　마음이 기뻐 뛰네.

저 부처님 십육 왕자　　　천만억의 권속들로

공경 받고 둘러싸여　　　부처님을 찾아가서

머리 숙여 예배하고　　　법륜을 간청하오니

성자시여, 법비 내려　　　그득하게 하옵소서.

세존 뵙기 어려워라.　　　오랜 세월 한 번으로

중생을 깨우치려　　　모두를 진동 시키네.

동방 여러 세계들과　　오백만억 국토마다

법천 궁전 비춘 큰 빛　　일찍 없던 것이라.

상서로움 만난 범천들　　부처 도량 찾아가서

하늘꽃을 공양하고　　좋은 궁전 바치면서

전법륜을 청하고서　　게송으로 찬탄하네.

때가 아직 아니노라　　묵묵하게 계시더니

삼방과 사유 상하　　온 세상의 범천들도

꽃과 궁전 공양하며　　위없는 법 청하옵네.

뵙기도 어려운 세존　　본래의 대자비로

감로의 문 넓게 열어　　무상 법륜 굴리소서.

무량 지혜 세존께서　　간절한 청 받으시어

네 진리와 십이인연　　여러 가지 설하신 법

무명에서 노사까지　　그 인연은 날 때부터

이와 같은 많은 환난　　너희 모두 겪으리라.

이 법 널리 설하실 때　　육백만억 많은 중생

모든 고통 여의시어　　아라한을 다 이루네.

제이의 설법할 때　　천만억의 항하 중생

세간 법을 받지 않아 　　아라한을 이루오며

그 후부터 도 이룬 이 　　셀 수 없이 수가 많아

만억 겁을 헤아려도 　　끝간 데를 알 수 없네.

그때 십육 왕자들이 　　출가해서 사미 되어

부처님께 청하는 말 　　대승법을 설하소서.

우리들과 따라온 이 　　부처님 도 이루도록

청정하기 제일 가는 　　지혜 눈 얻게 하옵소서.

동자들의 그 마음과 　　지난 세상 행한 일들

부처님은 다 아시고 　　셀 수 없는 비유로써

육바라밀 설하시고 　　여러 신통한 일 보여

진실하고 참다운 법 　　보살도를 분별하사

항하 모래 같은 게송 　《법화경》을 설하시네.

설법 마친 그 부처님 　　고요한 데 선정 들어

팔만사천 겁 동안을 　　한 자리에 앉아 계셔

십육 여러 사미들도 　　깊은 선정 드심 알고

무량억의 중생 위해 　　무상 지혜 설하려고

법의 자리 각기 나가 　　대승경을 설하고서

부처님 열반하신 뒤   법을 펴서 교화하되

하나하나 사미들이   제도한 여러 중생들

그 수가 육백만억   항하 모래 같은 무리

그 부처님 열반한 뒤   일승법을 들은 이는

부처님의 국토마다   스승과 함께 나리라.

열여섯 여러 사미   부처님 도 다 갖추어

지금 현재 사방에서   정각 모두 이루었네.

그때 법문 들은 이들   부처님 계신 곳에서

성문승에 머무르니   불도 들게 교화하네.

나도 십육 왕자일 때   너희 위해 설했으니

이런 일로 방편 써서   불 지혜에 인도하며

본래 이런 인연으로   《법화경》을 설하여서

불도에 들게 하니   놀라고 두려워 말라.

비유하면 험악한 길   인적 없고 맹수 많고

물도 없고 풀도 없어   두렵기 한 없는 곳

무수한 천만 대중들   건너가려 하지만은

멀고도 거친 그 길   길이가 오백 유순

그때에 한 도사 　　　　잘 알고 지혜 있어
명료하게 통달하여 　　험한 길을 인도할 때
모든 중생 피로하여 　　도사에게 하는 말이
지금 우리 지쳤으니 　　돌아가려 하나이다.
그 말 들은 도사 생각 　이 무리가 불쌍하다.
진귀한 보물을 두고 　　돌아가려 하는구나.
방편을 생각하고 　　　신통한 힘 베풀어서
변화로 큰 성 지으니 　장엄한 여러 사택들
동산 수풀 둘러 있고 　많은 시내 연못이며
중문과 높은 누각 　　남녀들이 충만하고
이런 변화 다 마친 뒤 위로하여 하는 말이
이 성 안에 들어가면 　마음대로 즐기리라.
모든 사람 성에 들어 　마음 크게 기뻐하고
안온한 생각으로 　　　제도라고 생각하니
휴식된 줄 도사 알고 　대중에게 하는 말이
너희들은 떠나거라 　　이것은 환상의 성
피로 심한 너희들이 　중도에 돌아설 새

방편의 큰 힘으로 이런 성을 지었으니

너희들은 정진하여 보물 있는 곳에 가라.

나도 또한 이와 같이 모두의 도사 되어

부처님 도 구하는 이 중도에서 게을러져

나고 죽는 모든 고통 번뇌스런 험한 길에

큰 방편 힘으로써 열반법을 설하시되

고를 멸한 너희들은 할 일을 다했노라.

이미 열반에 이르러 아라한인 줄 알기에

이에 대중 크게 모아 진실한 법 설하노라.

부처님의 방편으로 삼승이라 분별하나

있는 것은 일불승뿐 삼승설은 휴식할 곳

너희들이 얻은 것은 참 멸도가 아니니라.

부처님의 모든 지혜 얻으려면 정진하라.

그대들이 모든 지혜 십력불법 증득하여

삼십이상 갖추어야 진실한 열반이라.

도사이신 부처님들 열반 설해 휴식시켜

휴식이 끝남 알면 불 지혜에 인도하리.

8. 오백제자수기품

그때, 부루나 미다라니자는 부처님께서 지혜 방편으로 근기 따라 설법하심을 들으며, 여러 큰 제자들에게 위없이 높고 바른 깨달음을 수기하심을 보고, 다시 지난 세상의 인연을 들으며 부처님들의 대자재신통력이 있음을 보고, 일찍이 없던 기쁨을 얻어 부처님 발에 예배하고 한쪽에 머물러 부처님의 거룩한 얼굴을 우러러 눈을 잠시도 떼지 않으며, 이렇게 생각하였다.

'세존은 매우 뛰어나시고, 어떤 일이라도 능히 해결해주시며 세상에서 극히 드문 분이시다. 세간의 여러 가지 성품을 따라 방편지견으로써 법을 설하시어 중생들이 얽매임에서 떠나게 하여 주시니, 우리들은 부처님의 공덕을 말로 다 나타낼 수 없지만, 오직 부처님께

서는 우리들의 깊은 마음을 아시리라.'

이때, 부처님께서 여러 비구에게 말씀하셨다.

"그대들은 이 부루나 미다라니자를 보느냐.

나는 항상 설법하는 사람 가운데에서 그가 가

장 으뜸이라 말하며, 또 항상 그의 여러 가지

공덕을 찬탄하였노라.

부지런히 정진하여 나의 법을 지키고, 도를

펴며, 사부대중에게 보여주고 가르쳐 이롭게

하며, 부처님의 바른 법을 다 갖추도록 해석

하여 법행을 닦는 사람들을 크게 이롭게 하

니, 여래를 제외하고는 그의 언론의 변재를

당할 자 없노라.

그대들은 부루나가 내 법만을 지키고 도와 펴

다고 여기지 말라. 과거의 구십억 여러 부처

님 계신 곳에서도 부처님의 바른 법을 받들어

지니고 도와서 설법하는 사람 가운데에 으뜸

이었으며, 여러 부처님이 설하신 법의 공한

도리 밝게 알고 통달하여 네 가지 막힘 없는

이해와 표현의 능력인 사무애지를 얻어, 항상

자세히 살펴 맑고 깨끗하게 설법하여 의혹이

없었으며, 보살의 신통력을 다 갖추어 목숨이

다하도록 항상 범행을 닦았으므로, 그 부처님

당시의 사람들이 모두 말하되 '이분이야말로

참다운 성문이다.'라고 하였느니라.

부루나는 이런 방편으로 헤아릴 수 없는 백천

중생을 이롭게 하며, 헤아릴 수 없는 아승지

의 사람들을 교화하여 위없이 높고 바른 깨달

음을 일으키게 하였으며, 부처님 국토를 맑고

깨끗하게 하기 위하여 항상 부처님을 위한 일

을 하고 중생을 교화하였노라.

비구들이여, 부루나는 과거 칠불 때에도 설법

하는 사람 중에 으뜸이었으며, 지금 내가 머

무르는 곳에서도 설법하는 사람 중에서 으뜸

이 되며, 지금의 겁 앞으로 여러 부처님의 법

을 설하는 사람 중에서도 제일이어서 부처님 법을 받들어 지니고 도우며 펴고, 미래에도 헤아릴 수 없고 가이없는 부처님의 법을 받아 지니고 도와 펴며, 헤아릴 수 없는 중생을 교화하고 이롭게 하여 위없이 높고 바른 깨달음을 일으키게 하리라.

그는 불국토를 맑고 깨끗하게 하기 위하여, 항상 부지런히 정진하며 중생을 교화하고, 점점 보살도를 다 갖추리라.

그가 헤아릴 수 없는 아승지겁을 지나 이 땅에서 위없이 높고 바른 깨달음을 얻으니, 이름을 법명여래 응공·정변지·명행족·선서·세간해·무상사·조어장부·천인사·불세존이라 하리라.

그 부처님은 항하의 모래같이 많은 삼천대천 세계를 하나의 불국토로 하되, 칠보로 땅이 되고 평탄하기 손바닥같아, 산 언덕과 구령과

계곡이 없으며, 칠보로 만든 누각이 그 가운데 가득 차고 모든 하늘 궁전들이 가까운 허공에 있어서 사람·하늘이 가까이 닿아 서로서로 볼 수 있으며, 여러 가지 나쁜 것도 없고, 여인도 없으며, 모든 중생이 모두 자연히 태어날 것이므로 음욕이 없느니라.

큰 신통을 얻어 몸에서 밝은 빛이 나고, 공중을 자유로이 날아다니며, 뜻과 생각이 곧고 부지런히 정진하니 지혜가 있어 모두 몸이 금빛이며 서른두 가지 모습으로 장엄하느니라.

그 나라 중생은 항상 두 가지 음식을 먹으니, 첫째는 법문 듣는 식이요, 둘째는 선정에 드는 것을 기뻐하는 식이니라.

헤아릴 수 없는 아승지 천만억 나유타 보살 대중들이 있어 그들도 대신통과 네 가지 걸림 없는 지혜를 얻어서 중생들을 교화하며, 나라 성문 대중들을 산수로 계산하여도 알 수 없이 많으니 다

육통과 삼명과 팔해탈을 얻어 갖추느니라.

그 부처님 국토는 이와 같이 헤아릴 수 없는 공덕으로 장엄되고 성취되리라.

겁의 이름은 보명이요, 나라 이름은 선정이며, 그 부처님 목숨은 헤아릴 수 없는 아승지 겁이요, 법이 머묾도 매우 오래 가니, 부처님 멸도한 뒤에 칠보탑을 그 나라에 두루 세우리라."

그때, 세존께서 이 뜻을 펴시려고 게송으로 말씀하셨다.

비구들아 잘 들어라.　불자 행하는 여러 도
방편으로 배워 행함　너희들은 불가사의
중생들 소승법 즐겨　지혜를 두려워함을
미리 아는 여러 보살　성문 연각 다시 되어
셀 수 없는 방편으로　여러 중생 교화하며
나는 진실한 성문승　불도 매우 크고 멀어
셀 수 없는 중생 제도　모두 다 성취케 하며
마음 비록 게을러도　점점 닦아 부처 이루며

안으로 보살행 있고 · 겉으로 성문 모양

소욕하고 생사 얽혀도 · 불토 청정케 하려는 뜻

삼독을 드러내어 · 삿된 견해 나타내는

나의 제자 이런 일로 · 방편 써서 중생 제도

내가 갖춰 나타내어 · 갖가지 변화 말하면

이를 들은 모든 중생 · 마음에 의혹 품네.

여기 있는 부루나는 · 옛날 천억 부처 처소

부지런히 도를 닦아 · 모든 불법 연설하며

지혜를 구하기 위해 · 부처님 계신 곳에서

제자로 있을 때도 · 큰 지혜가 있었으며

설법함에 두려움 없어 · 중생들을 기쁘게 하니

피곤함도 전혀 없어 · 부처님을 잘 도우며

이미 큰 신통을 얻고 · 걸림 없는 지혜 갖춰

중생을 따라가며 · 청정한 법 설하노라.

이와 같이 깊은 뜻을 · 천억 중생 가르쳐서

대승법 머물게 하니 · 불국토 청정해지네.

셀 수 없이 많은 부처 · 친히 뵙고 받들면서

바른 법을 보호하니   불국토 청정해지네.

항상 여러 가지 방편   어려움 없는 법 설해

많은 중생 제도하여   모든 지혜 성취케 해

모든 여래 공양하며   법보장을 받드나니

뒷 세상에 성불하면   그 이름은 법명이라.

나라 이름 선정이니   모든 것 칠보로 장엄

겁의 이름 보명이니   보살 대중 매우 많아

셀 수 없는 무량 억   모두 다 신통 얻어

힘 또한 두루 갖추니   나라 안의 곳곳마다

성문 또한 무수하되   삼명과 팔해탈과

사무애지 얻은 이들   이런 이들 승보되니

국토의 모든 중생들   화생하여 태어나니

음욕 이미 끊어져서   장엄스런 좋은 상호

법희선열 음식 삼아   다른 생각 전혀 없어

여인은 있지 않으니   악한 길도 또한 없네.

지금 여기 부루나는   공덕 원만 이루어서

깨끗한 이 정토 안   거룩한 많은 성인

셀 수 없는 이런 일을 간략하게 말했노라.

이때, 천이백 아라한으로서 마음이 자재한 이들이 이런 생각을 하였다.

'우리는 일찍이 없던 기쁜 것을 얻었으니, 만일 세존께서 우리에게도 다른 큰 제자들과 같이 수기해 주신다면 또한 얼마나 기쁘랴.'

부처님께서 이들이 생각하는 마음을 아시고 마하가섭에게 말씀하셨다.

"이들 천이백 아라한에게 이제 차례로 위없이 높고 바른 깨달음의 수기를 해 주겠노라.

이 대중 가운데 나의 큰 제자 교진여 비구는 앞으로 육만억 부처님께 공양한 뒤에 성불하니, 이름은 보명 여래·응공·정변지·명행족·선서·세간해·무상사·조어장부·천인사·불세존이라.

그 오백의 아라한인 우루빈나가섭·가야가섭·나제가섭·가루타니·우타이·아누루

타·이바다·겁빈나·박구라·주타사가타
등도 모두 위없이 높고 바른 깨달음을 얻어
다 같이 이름을 보명이라 하리라."
이때, 세존께서 이 뜻을 펴시려고 게송으로
말씀하셨다.

나의 제자 교진여는　　무량 부처 친히 뵙고
아승지 세월 지낸 뒤　　무상 정각 이룩하며
항상 큰 빛 밝게 놓고　　여러 가지 신통 갖춰
그 이름이 시방세계　　일체 모두 공경하니
위없는 도 항상 설해　　이름이 보명이라.
그 부처님 국토 청정　　보살 모두 용맹스러워
미묘한 누각에 올라　　시방 국토 거닐면서
훌륭한 공양구로　　　　여러 부처 공양하며
여러 공양 마친 뒤에　　기쁜 마음 스스로 품고
잠깐 사이에 본국 오니　신통한 힘 이와 같네.
교진여불 수명 육만　　정법 머물기 십이만 겁
상법 또한 정법 두 배　　법이 멸한 뒤 천인 근심

오백 비구 법행 닦아　차례로 부처 이루니

이와 같이 점차 수기　이름 모두 보명이라.

내가 장차 멸도 뒤에　모두 반드시 성불해

그 부처 교화 세계도　오늘날 세상처럼

국토 장엄 청정하고　여러 신통 두루 갖춰

보살 성문 많은 대중　세상 머문 정법 상법

그 수명 겁수 많아　헤아릴 자 없느니라.

가섭아, 네가 알 듯　오백 제자 아라한과

다른 성문 여러 대중　그 모두 이와 같다.

이곳 못 온 이들에게　네가 설법하여 주어라.

이때, 오백 아라한이 부처님 앞에서 수기를

얻고 기뻐하며 자리에서 일어나 부처님 앞에

나아가서 머리 숙여 부처님 발에 예배하고,

참회하며 말하였다.

"세존이시여, 저희들은 항상 생각하기를 이

미 구경열반 얻었다고 하였더니 이제 알고 보

니 무지한 자와 다를 바 없었습니다.

왜냐하면 저희들은 여래의 지혜가 있건만, 조

그마한 지혜로 만족한 탓입니다.

세존이시여, 비유하면 어떤 사람이 친구의 집

에 갔다가 술에 취하여 자는데, 그때 친구는

관청 일로 떠나면서 값을 따질 수 없는 보배

구슬을 그의 옷 속에 넣어주고 갔더이다.

그 사람은 취하여 자고 있었으므로 전혀 알지

못하고 일어나자 다시 유랑하여 다른 나라에

서 의식을 구하기 위해 부지런히 버느라고 고

생이 심했으며, 조그마한 소득이 있어도 그것

으로 족하게 여겼습니다.

먼 훗날 그 친구는 그 사람을 만나 그런 모습

을 보고 이렇게 말하였더이다.

'이 친구야, 어찌 의식을 위하여 이 지경이

되었는가. 내가 예전에 그대에게 안락을 얻고

오욕락을 마음대로 누리라고, 아무 해 아무

달 아무 날에 값을 따질 수 없는 보배 구슬을

그대의 옷 속에 넣어 놓았는데, 지금도 그대는 알지 못하고 고생하고 근심하며 구차하게 살다니, 심히 어리석구나. 그대 이제 이 보배로 필요한 것을 사거나 바꾸면 언제나 뜻과 같이 되어 모자람이 없으리라.'

부처님께서도 그와 같아서 보살로 계실 때에 저희들을 교화하며, 모든 지혜 구하는 법을 가르쳐 주었건만, 이를 잊어버리고 알지도 못하며 깨닫지도 못하고, 아라한도를 얻은 것으로 멸도한 것이라 생각하여 살기가 어려워 조금 얻고도 만족하게 여겼으나 모든 지혜를 얻고자 하는 서원은 남아 있습니다.

이제 세존께서 저희들을 깨닫게 하시려고 이렇게 말씀하셨습니다.

'여러 비구여, 그대들이 얻은 것은 구경열반의 멸도가 아니다. 내가 오랜 옛적부터 그대들에게 부처님의 선근을 심도록 방편으로 열

반의 모습을 보였건만, 그대들은 진실로 멸도
를 얻었다고 여기느니라.'

세존이시여, 저희들이 이제야 참으로 보살로
서 위없이 높고 바른 깨달음의 수기를 받았음
을 알았습니다. 이러한 인연으로 매우 기뻐하
며, 일찍이 없던 기쁨을 얻었습니다."

이때, 아야교진여 등이 이 뜻을 펴려고 게송
으로 말하였다.

저희들은 위없는   수기 주는 음성 듣고

없던 기쁨을 얻어   부처님의 무량 지혜

저희들이 세존 앞에   여러 허물 뉘우치며

셀 수 없는 무량 불보   한 조각의 열반 얻고

지혜 없고 어리석어   만족하게 생각했네.

비유하면 가난한 이   친구 집에 감과 같네.

그 친구 큰 부자로써   여러 음식 대접하고

값 비싼 많은 보배   옷 속에 넣어주고

바쁜 일로 밖에 가니   그 사람은 알지 못해

얼마 뒤에 그 집 나와 　멀리 타국 이르러서
옷 밥 집 구하느라 　몸과 마음 구차하네.
적은 것을 만족하여 　그 이상 바람 없이
옷 속에 많은 보배 　깨닫지 못한 중에
보배 구슬 주던 친구 　빈궁한 친구 만나
몹시 책망하면서 　매어준 보주 보이니,
가난한 자 그것 보고 　마음 크게 기뻐하네.
부자가 된 그 친구는 　오욕락을 마음대로
저희들도 이와 같이 　세존께서 긴 세월을
불쌍한 중생 교화 　위없는 바람 심어주나
우리 근기 무지하여 　깨닫지도 못하고서
열반 보배 가운데에 　아주 적은 일분 얻고
우리가 깨달았다 　만족하고 즐겼었네.
불지혜를 얻게 하려 　참멸도가 아니리며
불지혜를 얻어야만 　참멸도라 말씀하시니
부처님 앞의 저희들 　수기하는 장엄한 일과
차례차례 받음을 듣고 　몸과 마음 기뻐하네.

9. 수학무학인기품

그때, 아난과 라후라가 이런 생각을 하였다.
'우리들도 만일 수기를 얻게 되면 얼마나 좋을까.'
곧 자리에서 일어나 부처님 앞에 나아가 머리 숙여 발에 예배하고 부처님께 말하였다.
"세존이시여, 저희도 닦고 있으니 여래께서는 저희들이 돌아갈 곳이 있게 하소서. 저희들은 온갖 세간의 하늘과 사람과 아수라들이 보고 아는 일이며, 아난은 항상 시자가 되어 법장을 수호하여 지녔고, 라후라는 부처님의 아들이오니 부처님께서 위없이 높고 바른 깨달음의 수기를 주신다면 저희 소원도 만족하겠으며, 여러 중생들의 바람도 또한 만족할까 합니다."
이때, 배우는 이와 다 배운 이와 성문 제자 이천 명이 다 자리로부터 일어나 오른쪽 어깨

를 드러내고 부처님 앞에 나아가 한마음으로
손 모으고 세존을 우러러보며 아난과 라후라
의 바람과 같이 하고 한쪽에 물러나 있으니,
이때, 부처님께서 아난에게 말씀하셨다.
"그대는 오는 세상에 성불하니 그 이름은 산
해혜자재통왕여래·응공·정변지·명행족·
선서·세간해·무상사·조어장부·천인사·
불세존이라. 육십이억 부처님께 공양 올리고
법장을 수호한 뒤에 위없이 높고 바른 깨달음
을 얻고, 이십천만억 항하의 모래같이 많은
보살을 교화하여 그들로 하여금 위없이 높고
바른 깨달음을 이루게 하니, 나라의 이름은
상립승번이요, 그 국토는 청정하며 땅은 유리
로 되니, 겁의 이름은 묘음변만이라.
그 부처님 수명은 헤아릴 수 없는 천만억 아
승지겁이니 어떤 사람이 천만억 헤아릴 수 없
는 아승지겁 동안 헤아릴지라도 능히 알지 못

하며, 정법이 세간에 머무르기는 부처님 수명
의 두 배가 되고 상법은 다시 정법 수명의 두
배가 되리라.

아난아, 이 산해혜자재통왕불을 시방세계 무
량 천만억 항하의 모래같은 부처님들께서 다
함께 그 공덕을 찬탄하고 칭찬하시리라."

그때 세존께서는 이 뜻을 거듭 펴시려고 게송
으로 말씀하셨다.

대중에게 말하노니   아난은 법을 들어

여러 부처 공양하고   정각을 이루면은

산해혜자재통왕불   그 부처님 나라 청정

나라 이름 상립승번   많은 보살 교화하며

훌륭하신 그 부처님   그 이름 시방에 퍼져

끝없는 부처님 수명   어리석은 중생 위해

정법은 부처 수명 두 배   상법은 정법 두 배

항하의 모래같은   부처 인연 심으리라.

이때, 대중 가운데 새로 부처님의 지혜를 구하

려는 보살 팔천 명이 다 이러한 생각을 하였다.

'큰 보살들이 수기 얻는 것을 우리들도 아직 듣지 못하였는데, 어떤 인연으로 여러 성문들이 이와 같은 수기를 받을 수 있는가.'

이때, 세존께서 여러 보살들이 생각하는 바를 아시고 그들에게 말씀하셨다.

"여러 선남자여. 내가 아난과 함께 공왕 부처님이 계신 곳에 있을 때, 같이 위없이 높고 바른 깨달음을 얻으려는 마음을 일으켰으나, 아난은 항상 듣기를 좋아하고 나는 항상 부지런히 정진하였기에 나는 위없이 높고 바른 깨달음을 이루었고 아난은 나의 법을 지키며, 또한 미래의 모든 부처님 법장도 지켜서 많은 보살들을 교화하여 성취토록 하니 그의 본래 서원이 그러하였기에 이런 수기를 받은 것이니라."

아난이 부처님 앞에서 수기를 받으며 국토의 장엄함을 듣고 바람을 다 갖추게 되어 즐거운 마음으로 전에 없던 기쁨을 얻으며, 즉시 과거 헤아릴 수 없는 천만억 부처님의 법장을 기억하고 생각해 내니, 통달하여 막힘이 없으되 이제 막 듣는 것 같으므로, 본래의 서원도 알게 되었다.

이때, 아난이 게송으로 말하였다.

거룩하고 높은 세존　지난 과거 여러 부처
이제 와 생각해 보니　오늘 듣는 바와 같이
품었던 의심 풀려　　불도에 편히 머물며
방편으로 제자 되어　부처님 법 수호하네.

그때, 부처님께서 라후라에게 말씀하셨다.

"너는 미래세에 성불하면 이름은 도칠보화여래 · 응공 · 정변지 · 명행족 · 선서 · 세간해 · 무상사 · 조어장부 · 천인사 · 불세존이라.

시방세계의 티끌과 같이 많은 부처님께 공양하며, 항상 여러 부처님의 장자가 되어 지금과 같으리라.

이 도칠보화불의 국토는 아름답게 꾸며지고 수명의 겁수와 교화할 제자와 정법과 상법이 또한 산해혜자재통왕여래와 같으며 또한 이 부처님의 장자가 되리니, 이런 수행을 거친 뒤에 반드시 위없이 높고 바른 깨달음을 얻게 되리라."

이때, 세존께서 이 뜻을 펴시려고 게송으로 말씀하셨다.

> 내가 태자였을 때　　　라후라는 나의 장자
> 부처님 도 내 이루니　　법을 받아 법자 되어
> 오는 세상 셀 수 없는　억만 부처 친히 뵙고
> 모든 부처 장자 되어　　한맘 불도 구하리라.
> 라후라가 행한 밀행　　아는 이는 오직 나뿐
> 현재 나의 아들 되어　　중생에게 보이나니
> 억만이나 끝이 없는　　헤아릴 수 없는 공덕
> 불법에 편히 머물러　위없는 길 구하니라.

이때, 세존께서 배우는 이와 다 배운 이 이

천 명을 보니 그 뜻이 유연하고 고요하며 청

정하여 한마음으로 부처님을 우러러보는지

라, 부처님께서 아난에게 물어 보셨다.

"너는, 이 배우는 이와 다 배운 이 이천 명을

보느냐?"

"예, 보나이다."

"아난아, 이 사람들은 오십세계 티끌의 수효

같은 많은 부처님을 공양·공경하고 존중하

며, 법장을 호지하여 이후에 다 같이 시방국

토에서 각각 부처님이 되나니, 이름은 다 같

아서 보상여래·응공·정변지·명행족·선

서·세간해·무상사·조어장부·천인사·불

세존이라.

그 부처님의 수명은 일겁이요, 국토의 장엄함

과 성문·보살·정법·상법이 모두 같느니라."

이때, 세존께서 이 뜻을 펴시려고 게송으로

말씀하셨다.

내 앞에서 법을 듣는 　　이천의 성문들은

모두 큰 수기 얻어 　　오는 세상 성불하리.

셀 수 없이 많은 부처 　　찾아뵙고 공양하며

깊은 법장 받들어서 　　바른 깨달음 이룩하리.

그 부처님 시방국토 　　한 가지로 이름 얻어

청정도량에 앉으사 　　위없는 지혜 얻으리라.

그들 이름 보상이며 　　장엄한 나라 많은 제자

그 세상에 정법 상법 　　하나같이 일 겁이라.

부처님들 신통으로 　　시방 중생 제도하며

높은 이름 널리 퍼져 　　점차 열반에 드네.

이때, 아직 배우는 이와 다 배운 이 이천 명

이 부처님의 수기를 얻고 뛸 듯이 기뻐하며

게송으로 말하였다.

세존의 밝은 지혜 등불 　　우리에게 수기하시니

환희로운 기쁨이여 　　감로수 받음 같네.

10. 법사품

그때, 세존께서 약왕보살을 비롯하여 팔만 대사에게 말씀하셨다.

"약왕이여, 그대는 이 대중 가운데 헤아릴 수 없는 여러 하늘·용왕·야차·건달바·아수라·가루라·긴나라·마후라가·사람인 듯 아닌 듯한 무리들과 비구·비구니·우바새·우바이와 성문 구하는 이와 벽지불 구하는 이와 부처님 도를 구하는 이를 보는가.

이와 같은 대중들이 다 부처님 앞에서 《묘법연화경》의 한 게송 한 구절이라도 듣고 한 생각으로 기뻐하는 이들에게는 내가 다 수기를 주어 위없이 높고 바른 깨달음을 얻게 하리라."

부처님께서 약왕보살에게 말씀하셨다.

"여래가 멸도하고 난 뒤라도 어떤 중생이 《묘법연화경》의 한 게송이나 한 구절이라도 듣고 한 생각으로 기뻐하는 이에게는 내가 모두 위없이 높고 바른 깨달음의 수기를 주리라.

또 어떤 사람이 이《묘법연화경》의 한 게송이라도 받아 지니고 읽고 외우며 풀이하고 베껴 쓰거나,《묘법연화경》을 공경하기를 부처님과 같이 하며 갖가지 꽃과 향과 영락이며 말향·도향·소향과 증개·당번·의복·기악으로 공양하고 합장하며 공경한다면, 약왕이여, 마땅히 알라. 이 사람들은 일찍이 십만억 부처님께 공양하고 여러 부처님이 계신 곳에서 큰 바람을 성취하였으니, 중생을 불쌍히 생각하는 마음으로 인간에 태어난 것이니라.

약왕이여, 어떤 사람이 묻기를 어떠한 중생이 미래세에 성불하느냐고 물으면 이와 같은 사람들이 미래세에 반드시 성불한다고 답하라. 왜냐하면 선남자 선여인이《법화경》의 한 구절만이라도 받아 지니고 읽고 외우며 풀이하

고 베껴 써서 갖가지로 이 경전에 공양하되,
꽃과 향과 영락·말향·도향·소향·증개·
당번·의복·기악 등으로 공양하고 합장·공
경하면, 이 사람은 온갖 세간이 우러러 받들
것이며 마땅히 여래에게 공양하듯이 공양해
야 하기 때문이니라.
마땅히 알라. 이 사람은 대보살이라 위없이
높고 바른 깨달음을 성취하였으되, 중생을 가
엾이 여겨서 이 세상에 태어나기를 원하여
《묘법연화경》을 널리 분별하여 연설하니, 이
경을 모두 받아 지니고 갖가지로 공양하는 사
람은 비유할 수 없는 보살이니라.
약왕이여, 이 사람은 청정한 업보를 버리고
내가 멸도한 뒤에 중생을 가엾이 여겨 악한
세상에 태어나서 이 경을 널리 연설하리라.
만일 선남자 선여인이 내가 멸도한 뒤에 한
사람만을 위하여 《법화경》의 한 구절이라도

설한다면, 이 사람은 곧 여래의 사절이며 여래가 보낸 이며 여래의 일을 행하는 자이니, 어찌 대중 가운데서 많은 사람을 위하여 널리 설한 공덕을 말할 수 있겠느냐.

약왕이여, 만일 악한 사람이 좋지 못한 마음으로 일 겁 동안 부처님 앞에 나타나 항상 부처님을 헐뜯고 욕하더라도 그 죄는 오히려 가벼우나, 만일 어떤 사람이 한마디라도 나쁜 말로 재가자거나 출가자거나 《법화경》 읽고 외우는 사람을 헐뜯으면 그 죄는 매우 무거우니라.

약왕이여, 《법화경》 읽고 외우는 사람은 부처님의 장엄으로써 자신도 장엄하며 여래가 어깨에 짊어짐과 같으니, 그가 가는 곳마다 따라가서 예배하리. 한마음으로 합장하고 공경·공양하고 존중·찬탄하되 꽃과 향과 영락·말향·도향·소향·증개·당번·의복·음식과 여러 음악을 연주하여, 인간의 가장 좋은 공양

물로 공양하고 하늘의 보배를 가져다가 뿌릴

것이며, 천상의 보배더미를 마땅히 바쳐야 하

느리라.

이 사람이 기뻐하는 마음으로 법을 설할 때에

잠깐이라도 듣는다면 곧 위없이 높고 바른 깨

달음을 얻게 되기 때문이니라.”

이때, 세존께서 이 뜻을 펴시려고 게송으로

말씀하셨다.

　　부처님 도에 머물러　　자연 지혜 이루려면

　　《법화경》을 받아 지녀　　부지런히 공양하라.

　　온갖 지혜 얻으려면　　어느 중생 마찬가지

　　이 경을 받아 지녀　　공양하고 모실지라.

　　만일 어떤 중생들이　　《법화경》을 받아 지니면

　　부처님의 사자로서　　중생 구제 위한 자라.

　　이 경전 받은 이는　　청정한 많은 국토

　　스스로 싫다 하고　　이런 곳에 났느니라.

　　바로 알라, 이런 사람　　자재로이 탄생하여

악한 세상 태어나서   위없는 법을 설해

하늘 꽃과 하늘 향과   보배로운 의복들과

아름다운 보물들로   설법자를 공양하라.

내 멸도 뒤 악한 세상   《법화경》가진 이들

세존께 공양하듯   손 모으며 공경하고

맛이 있고 좋은 음식   가지가지 의복들로

이 불자께 공양하고   잠시라도 들을지라.

후세에 어떤 사람   이 경전 받아 지녀

내가 보낸 사자로서   여래 일을 행하노라.

만일에 일 겁 동안   항상 좋지 못한 마음

부처님을 욕하면서   짓는 죄가 무겁지만

《법화경》을 받아 지녀   읽고 외우고 지닌 자를

잠깐 동안 욕을 해도   그 죄는 더욱 크도다.

부처님 도 구하려고   긴 세월 일 겁 동안

내 앞에서 합장하고   게송으로 찬탄하면

이런 사람 얻는 공덕   셀 수 없이 많지만은

경 가진 이 찬탄하면   그 복덕은 더 크니라.

팔십억 겁 진실하게   가장 미묘한 음성과

음식과 의복으로   경 가진 이 공양하고

이런 공양 마친 뒤에   설법 잠깐 들어도

마음이 쾌락하여서   큰 이익을 얻게 되니

약왕이여, 말하노라   내가 설한 경전 중에

이 같은 《묘법연화경》 가장 높은 법문이라.

이때 부처님께서 약왕보살마하살에게 말씀하셨다.

"내가 설한 경전이 헤아릴 수 없는 천만억이니 이미 설한 것과, 지금 설하는 것과, 장차 설할 것들이라. 그 가운데 이 《법화경》이 가장 믿기 어렵고 알기 어려우니라.

약왕이여, 이 경전은 모든 부처님께서 비장하신 중요한 법장이라 부질없이 배포하여 망령되이 사람에게 주지 말지어다. 모든 부처님께서 수호하므로 예부터 일찍 드러내 설하지 아니하셨느니라. 이 경전은 여래가 현존하는 지금에도 원망과 질투를 많이 받거늘 하물며 내가 멸도한 뒷날에 있어서랴.

약왕이여, 반드시 알라. 여래가 멸도한 뒤에 이 경을 써서 지녀 읽고 외우고 공양하며 다른 이를 위해 설하는 사람은, 여래께서 곧 옷으로 덮어주며 또 다른 세계에 계신 여러 부처님의 보호를 받게 될 것이니라.

이 사람에게는 큰 신통력과 큰 원력과 모든 선근력이 있으니 이 사람은 여래와 함께 자며 여래께서 손으로 그의 머리를 어루만져 주리라.

약왕이여, 어떤 곳이든지 설하거나 읽거나 외우거나 쓰며 이 경전 있는 곳에는 다 칠보탑을 일으키되 극히 높고 넓고 장엄하게 꾸미고 다시 사리를 봉안하지 않아도 되느니라. 왜냐하면 이 경 가운데는 이미 여래의 전신이 있기 때문이니라.

이 탑에는 온갖 꽃과 향과 영락·증개·당

번·기악과 노래로 공양·공경하고 존중·찬
탄하라.

만일 어떤 사람이 이 탑을 보고 예배하고 공
경하면 이들은 다 위없이 높고 바른 깨달음에
가까우니라.

약왕이여, 많은 사람들이 집에 있거나 출가하
여 보살도를 행하면서 이 《법화경》을 보거나
듣거나 읽고 외우거나 쓰거나 지니거나 공양
하지 못하면, 이 사람은 보살의 도를 잘 행하
지 못하는 자이며, 만일 이 경전을 듣게 되는
이는 보살도를 잘 행하는 자이니라.

중생 가운데 부처님 도를 구하는 이가 있어
《법화경》을 보거나 듣고 믿고 이해하고 받아
지닌다면, 이 사람은 위없이 높고 바른 깨달
음에 가까워졌음을 알라.

약왕이여, 비유하면 어떤 사람이 목이 말라
물을 찾아서 땅을 파되 마른 흙이 나오는 것

을 보면, 물이 아직 먼 줄 알고 쉬지 않고 땅을 파서 점차로 젖은 흙을 보고 드디어 진흙이 나오면 반드시 물이 가까워진 것을 알게 되는 것과 같느니라.

보살도 또한 이와 같아서 이 《법화경》을 듣지도 못하고 알지도 못하고 닦아 익히지도 못했다면, 이 사람은 위없이 높고 바른 깨달음에서 아직 거리가 먼 것이요, 만일 이 《법화경》을 듣고 알며 사색하고 닦아 익히면 반드시 위없이 높고 바른 깨달음에 가까워진 줄을 알라.

왜냐하면 모든 보살의 위없이 높고 바른 깨달음은 모두 이 경에 속하여 있기 때문이라.

이 경전은 방편의 문을 열어서 진실한 모습을 보이니, 이 법화경의 가르침은 깊고 굳으며 아득하게 멀어서 이를 자가 없으므로 이제 부처님께서 보살들을 교화하여 성취시키고자 열어 보이노라.

약왕이여, 어떤 보살이 이 《법화경》을 듣고 놀라고 의심하며 두려워하면 그 사람은 새롭게 뜻을 일으킨 보살이며, 만일 성문을 구하는 사람이 이 경을 듣고 놀라고 의심하며 두려워하면 이들은 게으른 무리이니라.

약왕이여, 만일 선남자 선여인이 여래가 열반한 뒤에 사부대중을 위하여 이 《법화경》을 설하고자 할 때는 어떻게 설해야 할 것인가.

이 선남자 선여인은 여래의 방에 들어가 여래의 옷을 입고 여래의 자리에 앉아서 사부대중을 위하여 이 경을 널리 설할지니, 여래의 방이란 모든 중생 가운데 대자비심이요, 여래의 옷이란 부드럽게 인욕하는 마음이요, 여래의 자리란 온갖 법의 빈 것이니, 이 가운데 안주하여 게으르지 않는 마음으로 여러 보살과 사부대중을 위하여 널리 이 《법화경》을 설하라.

약왕이여, 내가 다른 나라에서 변화된 사람을

보내어 그를 위해 법을 청하는 대중을 모이게 하며 또 변화된 비구·비구니·우바새·우바이들을 보내어 그 설법을 듣게 하니, 이 모든 변화된 사람들은 이 법을 듣고 믿어 지니며 이를 거역하지 않을 것이니라. 만일 설법하는 이가 한적한 곳에 있으면 내가 하늘·용·귀신·건달바·아수라 등을 보내어 그의 설법을 듣게 하리라.

내가 비록 다른 나라에 있을지라도 설법하는 이는 나의 몸을 보게 하며, 만일 이 경의 구절을 잊으면 내가 돌아와서 다 알고 구족함을 얻게 하리라."

이때 세존께서 이 뜻을 펴시려고 게송으로 말씀하셨다.

게으른 맘 버리려면　이 경전을 들을지니

얻어 듣기 어려워라　받아 믿기 어렵네.

목이 마른 어떤 사람　언덕에서 우물 파니

마른 흙이 나오면　　　　물이 먼 줄 알지만

진흙이 보일 때는　　　　물이 날 줄 아느니라.

약왕이여, 바로 알라.　이러한 모든 사람

《법화경》을 못 들으면　부처 지혜 아주 멀고

《법화경》을 듣게 되면　성문법을 알게 되니

경전 중의 왕이로다.　　지세하게 생각하면

부처 지혜 가까운 줄　바로 알리. 이런 사람

이 경전을 설하려면　여래 방에 들어가서

부처님의 옷을 입고　세존 자리 높이 앉아

대중 모아 두려움 없이　널리 분별할 것이니

대자비는 방이 되고　옷은 인욕 부드러움

빈 법 자리 높이 앉아　사부대중 설법하라.

만약 이 경 설할 때　어떤 사람 나쁜 말과

칼 막대 돌로 때려도　부처 생각 참을지라.

나는 천만억토에서　청정한 몸 나타내며

셀 수 없는 억겁 동안　중생 위해 설법하며

내가 멸도한 뒤에도　이 경을 설하는 이

공양할 사부대중	변화로써 보내주고
모든 중생 인도하여	그 법사가 설하는 법
대중들 듣게 하려	그 앞에 모아주네.
어떤 사람 칼 막대와	기와 돌로 때리거든
변화인을 곧 보내어	그로부터 보호하며
설법하는 보살들이	고요한 데 홀로 있어
속세를 멀리 떠나	이 경전을 독송하면
수행자를 위하여서	맑은 큰 빛 나타내며
한 구절만 잊게 되면	일러주어 알게 하고
이런 덕을 갖춘 이가	사부중 위해 설법하고
고요한 데 경 읽으면	나의 하늘 용과 야차
귀신 등을 보내어서	법을 청해 듣게 하며
이런 사람 설법 즐겨	분별에 걸림 없음은
부처님의 보호이니	대중을 기쁘게 하네.
법사를 친근하여	보살도를 빨리 얻고
법사를 따라 배우면	많은 부처 친근하리.

사 경 본
법화경 사경②

2021(불기2565)년 2월 9일 초판 1쇄 인쇄
2024(불기2568)년 6월 13일 초판 4쇄 발행

편 집 · 편 집 실
발행인 · 김 동 금
만든곳 · 우리출판사

서울특별시 서대문구 경기대로9길 62
☎ (02) 313-5047, 313-5056
Fax. (02) 393-9696
wooribooks@hanmail.net
www.wooribooks.com
등록 : 제9-139호

ISBN 978-89-7561-347-0 13220

정가 6,000원